NAVIGANDO

VERSO

LA FELICITÀ

Coltiva autostima, crescita interiore e benessere emotivo.

Ama te stesso, sviluppa la tua crescita e gestisci le emozioni per una vita felice.

Di Alessio Maresca

Sommario

CAPITOLO 1: "ALLA RICERCA DEL SIGNIFICATO: COME DEFINIRE LA FELICITÀ PERSONALE"

Alla Ricerca del Significato: Come Definire la Felicità Personale

La felicità è un concetto che affascina e sfida l'umanità fin dall'alba dei tempi. In ogni angolo del mondo, le persone cercano incessantemente la chiave per raggiungere uno stato di benessere duraturo e di gioia interiore. Ma cosa significa veramente essere felici? La definizione di felicità varia notevolmente da persona a persona, e dipende da una combinazione unica di fattori influenzati dalla cultura, dalla filosofia di vita e dalla psicologia individuale.

La discussione sulla definizione della felicità ha radici profonde nella filosofia antica e contemporanea. Grandi pensatori come Aristotele, Platone ed Epicuro si sono dedicati a esplorare il significato della felicità e hanno presentato idee diverse. Per alcuni, la felicità è stata associata al raggiungimento di obiettivi materiali o al perseguimento di piaceri sensoriali. Altri hanno enfatizzato il valore della virtù e della realizzazione personale come fondamenti della felicità. La ricchezza delle prospettive filosofiche ci insegna che la felicità è un concetto complesso e multidimensionale, che può variare in base alle credenze e ai valori individuali.

La psicologia moderna ha anche contribuito a delineare una comprensione più approfondita della felicità. L'approccio del benessere soggettivo, ad esempio, si concentra sulla valutazione del benessere individuale sulla base del piacere e della soddisfazione nella vita. Altri approcci, come la psicologia positiva, mettono in evidenza l'importanza delle emozioni positive, delle relazioni significative e del significato nella vita come componenti essenziali della felicità. Queste prospettive psicologiche forniscono strumenti pratici per coltivare la felicità personale, come la gratitudine, la pratica della mindfulness e la scoperta dei propri punti di forza.

Inoltre, la definizione di felicità è profondamente radicata nelle diverse culture del mondo. Ogni cultura ha le proprie credenze, valori e pratiche che influenzano la percezione e il perseguimento della felicità. Ad esempio, alcune culture possono porre maggiore enfasi sull'armonia familiare e sulle relazioni interpersonali come fonte di felicità, mentre altre possono valorizzare il successo materiale e la realizzazione personale. Esplorare queste differenze culturali può offrire prospettive uniche sulla felicità e stimolare una riflessione critica sulla propria definizione personale.

Infine, la definizione della felicità diventa un processo altamente personalizzato per ciascun individuo. Non esiste una formula universale per essere felici, poiché ciò che porta gioia e soddisfazione a una persona potrebbe non funzionare per un'altra.

Esplorare i Valori Personali: Esercizi per identificare e riflettere sui propri valori fondamentali, e come questi influenzano la propria percezione della felicità.

I valori fondamentali rappresentano le principali convinzioni e principi che guidano le nostre azioni, le nostre scelte e le nostre relazioni. Sono gli elementi centrali che conferiscono significato e scopo alla nostra vita. Quando i nostri comportamenti e le nostre decisioni sono in linea con i nostri valori, ci sentiamo più autentici e soddisfatti. Esplorare i propri valori personali può essere un potente strumento per comprendere meglio se stessi e per determinare ciò che realmente ci rende felici.

Un esercizio utile per identificare i propri valori fondamentali è prendersi del tempo per la riflessione. Trova un luogo tranquillo e crea uno spazio in cui puoi concentrarti su te stesso. Prendi carta e penna e inizia a scrivere liberamente tutti i valori che senti di avere. Non filtrare o giudicare le tue risposte, lascia che fluiscano liberamente. Potresti scrivere parole come "onestà", "amore", "avventura", "responsabilità", "amicizia" e così via. Non limitarti a valori positivi, prendi in considerazione anche quelli che potrebbero sembrare meno convenzionali o inaspettati.

Dopo aver compilato un elenco iniziale, prenditi del tempo per riflettere su ciascun valore. Chiediti perché è importante per te e come si manifesta nella tua vita. Ad esempio, se hai scritto "creatività", rifletti su come e quando la creatività è stata presente nella tua vita, e come ti ha fatto sentire. Fai domande come "Quali sono le situazioni in cui sento di esprimere questo valore?" o "Come mi sento quando vivo in accordo con questo valore?".

Successivamente, cerca di ridurre la tua lista a cinque o sei valori che ritieni essere i più significativi per te. Questi dovrebbero essere quei valori che, se seguiti, contribuiscono a una sensazione di benessere e felicità nella tua vita. Puoi anche considerare come questi valori si intersecano e si influenzano reciprocamente.

Una volta identificati i tuoi valori principali, rifletti su come influenzano la tua percezione della felicità. Chiediti come la tua vita sarebbe diversa se vincessi i tuoi valori più profondi in ogni aspetto. Immagina le scelte che faresti, i traguardi che raggiungeresti e le relazioni che coltiveresti.

Considera anche le situazioni in cui potresti entrare in conflitto con i tuoi valori e come potresti risolverli.

L'esplorazione dei valori personali è un processo continuo che richiede una costante auto-riflessione. I valori possono cambiare nel corso del tempo, e ciò che una volta era importante potrebbe non esserlo più.

Le Componenti della Felicità: Approfondimento su componenti chiave della felicità, come benessere emotivo, soddisfazione, scopo di vita e benessere relazionale.

La felicità è un obiettivo universale per molte persone, ma cosa la rende davvero completa e soddisfacente? Per comprendere appieno il concetto di felicità, è importante esaminare le sue componenti chiave, che includono il benessere emotivo, la soddisfazione, lo scopo di vita e il benessere relazionale.

Il benessere emotivo costituisce una componente essenziale della felicità. Rappresenta il nostro stato di equilibrio emotivo, che coinvolge sia esperienze positive come la gioia, l'entusiasmo e la serenità, sia la capacità di affrontare e superare le sfide della vita. Il benessere emotivo implica la consapevolezza e l'accettazione delle emozioni, così come la capacità di gestirle in modo sano ed efficace. Coltivare l'autocoscienza, praticare la mindfulness e coltivare relazioni positive possono contribuire a promuovere il benessere emotivo.

La soddisfazione è un'altra componente cruciale per la felicità. Rappresenta il senso di appagamento e realizzazione derivante dal raggiungimento degli obiettivi personali e dalla soddisfazione delle proprie esigenze. La soddisfazione può derivare da molteplici ambiti della vita, come il lavoro, le relazioni, la creatività e il contributo alla società. È importante individuare obiettivi significativi e realistici, sviluppare una mentalità di gratitudine e apprezzamento per ciò che si ha già raggiunto, nonché impegnarsi in un percorso di crescita personale costante.

Lo scopo di vita è un altro elemento fondamentale per una vita felice e significativa.

Avere uno scopo implica avere una direzione chiara e una motivazione profonda che orienta le azioni e le scelte. Può riguardare la realizzazione di un obiettivo significativo, il contributo alla comunità o il perseguimento di una passione personale. Identificare e coltivare lo scopo di vita richiede una riflessione profonda sulle proprie passioni, valori e aspirazioni, e lavorare verso la realizzazione di uno scopo può donare un senso di realizzazione e soddisfazione duratura.

Infine, il benessere relazionale è un pilastro cruciale della felicità. Le relazioni positive e significative con gli altri giocano un ruolo essenziale nel nostro benessere emotivo e nella nostra soddisfazione complessiva. Coltivare relazioni autentiche, basate sulla fiducia, la comunicazione aperta e il sostegno reciproco, può arricchire la nostra vita e contribuire alla felicità. Anche il senso di appartenenza a una comunità più ampia, come la famiglia, gli amici, i colleghi o una rete sociale, può influire positivamente sul nostro benessere.

Il Ruolo dei Bisogni e dei Desideri: Discussione su come i bisogni e i desideri possono influenzare la nostra visione della felicità. Esercizi per allineare i propri desideri con i propri bisogni autentici.

I bisogni e i desideri sono elementi fondamentali nella nostra ricerca della felicità. I bisogni rappresentano quelle necessità di base che dobbiamo soddisfare per sopravvivere e prosperare, come il cibo, l'acqua, l'abitazione, la sicurezza e l'appartenenza. D'altra parte, i desideri sono i nostri interessi, le nostre aspirazioni e le nostre preferenze personali che ci spingono a cercare esperienze e obiettivi specifici.

Spesso, la nostra percezione della felicità è influenzata dai desideri piuttosto che dai bisogni. Siamo bombardati da messaggi pubblicitari che ci promettono che l'acquisto di un prodotto o il raggiungimento di un certo obiettivo ci renderà felici. Tuttavia, questo tipo di soddisfazione è spesso temporanea e superficiale. Per trovare una felicità più autentica e duratura, è essenziale allineare i desideri con i bisogni autentici.

Un esercizio utile per allineare i propri desideri con i bisogni autentici è fare una riflessione sincera sui propri desideri e chiedersi quali bisogni essi stanno cercando di soddisfare. Ad esempio, se desideri un lavoro più remunerativo, potrebbe essere utile esplorare se questo desiderio deriva dalla necessità di sicurezza finanziaria o dal bisogno di riconoscimento e realizzazione personale. Identificare i bisogni sottostanti ai desideri ci consente di capire meglio ciò che realmente ci rende felici.

Un'altra pratica importante è la consapevolezza. Prenditi del tempo per riflettere sui tuoi desideri e chiediti se sono autentici o se sono influenzati da pressioni esterne o dalla società. Fai domande come "Questo desiderio riflette davvero ciò che è importante per me?" o "Questo desiderio risuona con i miei valori e bisogni fondamentali?". La consapevolezza ci aiuta a distinguere tra desideri superficiali e quelli che sono allineati con la nostra vera essenza.

Inoltre, è importante fare una distinzione tra bisogni essenziali e bisogni superficiali. I bisogni essenziali sono quelli che sono fondamentali per il nostro benessere e la nostra felicità a lungo termine, come l'amore, l'appartenenza, l'autenticità e l'autorealizzazione. I bisogni superficiali, d'altra parte, possono essere influenzati da fattori esterni come le aspettative sociali o la pressione dei media. Identificare i bisogni essenziali e focalizzare le nostre energie e le nostre risorse su di essi può portare a una felicità più autentica e duratura.

Creare la Propria Visione della Felicità: Guida passo dopo passo per creare una visione personale della felicità, basata sulle scoperte fatte nei punti precedenti. Questa visione sarà un punto di riferimento per i capitoli successivi.

Creare una visione personale della felicità può essere un passo significativo verso una vita più appagante e soddisfacente. Una visione chiara e definita ci guida nel perseguire ciò che veramente ci rende felici, fornendoci un senso di direzione e motivazione. Segui questa guida passo dopo passo per creare la tua visione della felicità:

Passo 1: Rifletti sui punti precedenti: Riconsidera i punti di sviluppo precedentemente esplorati, come la definizione della felicità, i valori personali, le componenti della felicità e il ruolo dei bisogni e dei desideri. Ripensa alle tue risposte, alle riflessioni e agli esercizi svolti. Queste informazioni saranno la base per creare la tua visione personale.

Passo 2: Immagina la tua vita ideale: Immagina come sarebbe la tua vita se fossi completamente felice e appagato. Visualizza i vari aspetti della tua vita, come il lavoro, le relazioni, la salute, la crescita personale e l'impatto sulla società. Prenditi del tempo per pensare a ciò che veramente ti rende felice e quali elementi sono fondamentali per la tua visione.

Passo 3: Sii specifico e dettagliato: Sviluppa la tua visione della felicità in modo specifico e dettagliato. Descrivi le caratteristiche, le emozioni e le esperienze che vorresti sperimentare nella tua vita ideale. Puoi concentrarti su obiettivi specifici, come trovare un lavoro che ami, costruire relazioni significative o raggiungere uno stato di equilibrio emotivo duraturo.

Passo 4: Allinea con i valori e i bisogni: Assicurati che la tua visione della felicità sia allineata con i tuoi valori fondamentali e con i bisogni autentici che hai identificato in precedenza. Domandati se i vari elementi della tua visione risuonano con i tuoi valori e se soddisfano i bisogni che sono veramente importanti per te.

Passo 5: Scrivi la tua visione: Metti la tua visione della felicità su carta. Scrivi una dichiarazione o una narrazione che descriva chiaramente la tua vita ideale e come ti sentiresti vivendo quella vita. Usa il linguaggio positivo e coinvolgente per creare un'immagine vivida della tua visione.

Passo 6: Rivedi e riafferma la tua visione: Leggi e rivedi regolarmente la tua visione della felicità. Aggiorna, se necessario, in base alle nuove scoperte e alle esperienze che ti porteranno ad una maggiore comprensione di te stesso e dei tuoi desideri.

CAPITOLO 2: "TRACCIA IL TUO PERCORSO: L'IMPORTANZA DEGLI OBIETTIVI PERSONALI"

Capire gli Obiettivi: Una discussione su cosa sono gli obiettivi, come possono variare a livello personale, e il loro ruolo nello stimolare la crescita personale e la felicità.

Gli obiettivi svolgono un ruolo cruciale nel plasmare le nostre vite e nel guidarci verso una maggiore crescita personale e felicità. Essi rappresentano le direzioni che desideriamo intraprendere e gli obiettivi che vogliamo raggiungere. Gli obiettivi possono variare notevolmente da persona a persona, poiché sono fortemente influenzati dalle esperienze, dai valori, dalle passioni e dalle circostanze individuali.

Gli obiettivi possono essere suddivisi in diverse categorie, come obiettivi personali, professionali, relazionali, di salute o finanziari. Queste categorie riflettono i vari aspetti della nostra vita che consideriamo importanti e che desideriamo sviluppare e migliorare. La definizione degli obiettivi personali è un processo altamente individuale, poiché ciascuno di noi ha priorità e desideri diversi.

Quando stabiliamo obiettivi personali, è fondamentale tener conto di ciò che ci appassiona e ci motiva. Gli obiettivi che ci interessano profondamente e che sono allineati con i nostri valori e i nostri bisogni fondamentali sono più suscettibili di darci una sensazione di significato e realizzazione personale. Ad esempio, se uno dei nostri valori fondamentali è la creatività, un obiettivo potrebbe essere quello di dedicare più tempo a un'attività creativa che amiamo, come la pittura o la scrittura.

Gli obiettivi non dovrebbero essere solo risultati finali, ma anche processi di apprendimento e crescita personale. Il cammino verso il raggiungimento di un obiettivo può essere altrettanto gratificante del raggiungimento stesso. Durante il percorso verso gli obiettivi, sviluppiamo competenze, acquisiamo nuove conoscenze e affrontiamo sfide che ci aiutano a crescere come individui. Questo processo di crescita personale contribuisce alla nostra felicità e al nostro benessere complessivo.

È importante impostare obiettivi realistici e raggiungibili. Gli obiettivi troppo ambiziosi o irrealistici possono portare a una sensazione di frustrazione e insuccesso, minando la nostra motivazione. D'altra parte, gli obiettivi troppo facili possono non stimolarci abbastanza e possono mancare di significato. Trovare un equilibrio tra sfida ed eseguibilità è essenziale per mantenere la motivazione e promuovere la crescita personale.

Gli obiettivi dovrebbero anche essere adattabili e flessibili. La vita è in continua evoluzione e le circostanze possono cambiare. Ciò significa che potremmo dover rivedere e modificare i nostri obiettivi lungo il percorso

L'Arte di Stabilire Obiettivi: Una guida dettagliata su come stabilire obiettivi efficaci utilizzando il metodo SMART (Specifico, Misurabile, Attuabile, Rilevante, Temporizzato).

Stabilire obiettivi efficaci è un passo fondamentale per raggiungere il successo e la felicità nella vita. Il metodo SMART è una guida pratica e popolare per la definizione di obiettivi che siano chiari, misurabili, realizzabili, pertinenti e con una scadenza definita. Segui questa guida dettagliata per utilizzare il metodo SMART per stabilire obiettivi efficaci:

1. Specifico (Specific): Definisci l'obiettivo in modo chiaro e dettagliato. Rispondi alle domande chi, cosa, dove, quando e perché. Ad esempio, invece di dire "Voglio migliorare nella mia carriera", specifica l'obiettivo come "Voglio ottenere una promozione al livello manageriale nel mio campo entro la fine dell'anno".

2. Misurabile (Measurable): Assicurati che l'obiettivo sia quantificabile e misurabile. Ciò ti permetterà di tenere traccia dei

progressi e di valutare il successo. Ad esempio, se il tuo obiettivo è migliorare la forma fisica, specifica un indicatore misurabile come "Voglio perdere 5 chili entro sei mesi".

3. Attuabile (Attainable): L'obiettivo deve essere realizzabile e raggiungibile considerando le tue risorse, il tempo e le competenze a tua disposizione. È importante che tu creda fermamente nella possibilità di raggiungere l'obiettivo. Fissa degli obiettivi sfidanti ma realistici. Ad esempio, se vuoi imparare una nuova lingua, potresti stabilire come obiettivo "Voglio raggiungere un livello di conversazione fluente in un anno, dedicando almeno 30 minuti di studio quotidiano".

4. Rilevante (Relevant): L'obiettivo deve essere pertinente e allineato con i tuoi valori, interessi e aspirazioni. Assicurati che l'obiettivo sia significativo per te e che contribuisca alla tua crescita personale o

professionale. Ad esempio, se il tuo valore principale è il benessere, potresti stabilire come obiettivo "Voglio iniziare a meditare ogni giorno per migliorare la mia salute mentale e il mio benessere complessivo".

5. Temporizzato (Time-bound): Stabilisci una scadenza per l'obiettivo. Una data di scadenza ti aiuterà a mantenere la motivazione e a pianificare le azioni necessarie per raggiungere l'obiettivo. Assicurati che la scadenza sia realistica e fattibile. Ad esempio, "Voglio completare il mio primo romanzo entro un anno, scrivendo almeno 500 parole al giorno".

Obiettivi a Breve e a Lungo Termine: Spiegare l'importanza degli obiettivi a breve e a lungo termine, e come essi possono collaborare per creare un percorso coerente verso la felicità.

Gli obiettivi sono strumenti potenti per guidarci nel perseguimento della felicità e del successo. Tuttavia, per massimizzare i benefici, è fondamentale considerare sia gli obiettivi a breve termine che quelli a lungo termine. Questi due tipi di obiettivi lavorano insieme per creare un percorso coerente verso la felicità e l'adempimento personale.

Gli obiettivi a breve termine sono quelli che possono essere raggiunti in un breve lasso di tempo, generalmente entro poche settimane o mesi. Questi obiettivi hanno il vantaggio di fornire un senso immediato di progresso e gratificazione. Essi possono essere considerati come passi intermedi verso il raggiungimento degli obiettivi a lungo termine. Ad esempio, se il tuo obiettivo a lungo termine è completare una maratona, un obiettivo a breve termine potrebbe essere correre 5 chilometri senza fermarti entro un mese.

Gli obiettivi a lungo termine, d'altra parte, richiedono più tempo e impegno per essere raggiunti. Questi obiettivi sono spesso più ambiziosi e sfidanti, ma possono portare a una maggiore soddisfazione e realizzazione personale. Gli obiettivi a lungo termine sono in genere orientati verso il futuro e spesso coinvolgono la realizzazione di sogni e aspirazioni a lungo desiderati. Ad esempio, un obiettivo a lungo termine potrebbe essere aprire la tua attività imprenditoriale entro cinque anni.

La combinazione di obiettivi a breve e a lungo termine è importante perché lavorano in sinergia per creare un percorso coerente verso la felicità. Gli obiettivi a breve termine forniscono una struttura e un senso di progresso, mentre gli obiettivi a lungo termine offrono una visione e uno scopo a lungo termine. Questo equilibrio tra l'obiettivo immediato e la visione a lungo termine ci aiuta a mantenere la motivazione e l'impegno nel perseguimento dei nostri obiettivi.

Inoltre, gli obiettivi a breve termine possono servire come trampolino di lancio per raggiungere gli obiettivi a lungo termine. Attraverso l'impegno e la realizzazione degli obiettivi a breve termine, acquisiamo competenze, conoscenze e fiducia in noi stessi. Questo successo progressivo alimenta la nostra determinazione e ci spinge verso gli obiettivi a lungo termine.

Una strategia efficace per integrare gli obiettivi a breve e a lungo termine è creare un piano d'azione. Questo piano può includere una serie di obiettivi a breve termine che progressivamente ci avvicinano agli obiettivi a lungo.

Obiettivi e Autorealizzazione: Esplorare il concetto di autorealizzazione e come la definizione e il raggiungimento degli obiettivi può aiutare a realizzare il potenziale personale.

L'autorealizzazione è un concetto chiave nella ricerca della felicità e del significato nella vita. Si riferisce al processo di sviluppo e realizzazione del nostro potenziale personale in modo completo e autentico. Gli obiettivi svolgono un ruolo essenziale nel facilitare questo processo di autorealizzazione, poiché ci forniscono una direzione chiara e un percorso per perseguire ciò che ci rende veramente felici e soddisfatti.

La definizione e il raggiungimento degli obiettivi possono fungere da catalizzatori per la nostra autorealizzazione. Quando definiamo obiettivi che sono allineati con i nostri valori, passioni e aspirazioni, ci impegniamo in un percorso che ci permette di esprimere il nostro potenziale unico. Gli obiettivi ci forniscono una bussola interna che ci guida nel prendere decisioni e intraprendere azioni che ci avvicinano alla realizzazione di noi stessi.

Definire gli obiettivi in linea con la nostra autorealizzazione richiede una profonda riflessione su chi siamo, quali sono le nostre vere passioni e cosa ci rende autenticamente felici. Significa anche identificare le nostre forze e talenti unici e cercare modi per svilupparli e applicarli nel perseguimento dei nostri obiettivi. Ad esempio, se il tuo valore principale è il servizio agli altri e hai un talento per la scrittura, potresti definire un obiettivo che coinvolge la scrittura di un libro che ispira e aiuta le persone.

Il raggiungimento degli obiettivi può portare a una maggiore autostima e fiducia in noi stessi, che sono elementi essenziali per l'autorealizzazione. Man mano che superiamo le sfide e facciamo progressi verso i nostri obiettivi, sviluppiamo una fiducia nelle nostre capacità e una consapevolezza delle nostre potenzialità.

Questo rafforzamento della fiducia in noi stessi ci permette di perseguire obiettivi più ambiziosi e di spingerci al di là dei limiti che ci eravamo imposti.

Inoltre, il processo di raggiungimento degli obiettivi ci offre opportunità di crescita e apprendimento personale. Attraverso le sfide e gli ostacoli che incontriamo lungo il percorso, acquisiamo nuove competenze, conoscenze e prospettive che ci arricchiscono come individui. Questo processo di crescita personale ci avvicina sempre di più alla nostra autorealizzazione, poiché ci aiuta a sviluppare il nostro potenziale in modi nuovi e significativi.

Tuttavia, è importante ricordare che l'autorealizzazione non è una destinazione finale, ma un viaggio continuo. I nostri obiettivi possono evolvere nel tempo e le nostre priorità possono cambiare. È importante restare flessibili e aperti al cambiamento, adattando i nostri obiettivi in base alle nuove scoperte e alle sfide che affrontiamo lungo il cammino.

In conclusione, gli obiettivi svolgono un ruolo cruciale nel processo di autorealizzazione.

Definire e perseguire obiettivi che sono allineati con i nostri valori, passioni e talenti ci avvicina alla realizzazione del nostro potenziale unico. Il raggiungimento degli obiettivi ci porta crescita personale, fiducia in noi stessi e un senso di autenticità e soddisfazione. Ricorda che il processo di autorealizzazione è un viaggio continuo, e i nostri obiettivi possono adattarsi e cambiare nel corso della nostra vita.

Rimani Flessibile: Rivedere e Adattare gli Obiettivi

Nel percorso verso la felicità e il successo, è importante comprendere che la vita è un continuo flusso di cambiamenti e che gli obiettivi che ci siamo prefissati potrebbero richiedere revisioni e adattamenti lungo il cammino. Mantenere la flessibilità e la capacità di rivedere e adattare gli obiettivi è fondamentale per garantire che siano sempre allineati con la nostra visione della felicità. Ecco alcune riflessioni e suggerimenti per farlo:

1. Accettare il cambiamento come parte naturale della vita: È essenziale accettare che la vita è un susseguirsi di cambiamenti,

sia interni che esterni. Le circostanze, le priorità e persino noi stessi cambiano nel tempo. Comprendere che il cambiamento fa parte del percorso ci permette di essere più aperti e pronti ad adattarci di conseguenza.

2. Rivedere regolarmente i propri obiettivi: Pianifica periodi di revisione e riflessione sulla tua visione e sugli obiettivi che hai stabilito. Questo può essere fatto settimanalmente, mensilmente o anche annualmente, a seconda delle tue esigenze. Durante queste sessioni, prendi del tempo per valutare i tuoi obiettivi attuali e chiediti se continuano ad essere rilevanti e allineati con la tua visione della felicità. Chiediti anche se sono ancora realistici e se le tue priorità sono cambiate.

3. Sii aperto a nuove opportunità e cambiamenti di direzione: Il percorso verso la felicità può prendere forme diverse da quelle che ci aspettiamo. Sii aperto a nuove opportunità e all'idea di cambiare direzione

se ti rendi conto che c'è un percorso diverso che potrebbe portarti verso una maggiore soddisfazione e realizzazione. Non aver paura di abbandonare o modificare gli obiettivi che non risuonano più con te.

4. Adatta gli obiettivi alle sfide e alle circostanze impreviste: La vita può presentare sfide e imprevisti che possono influire sui nostri obiettivi. Potresti affrontare cambiamenti finanziari, problemi di salute o relazioni complesse. In questi momenti, è importante adattare gli obiettivi per far fronte alle nuove circostanze. Potresti dover rallentare il ritmo, modificare i tempi o trovare alternative per perseguire i tuoi obiettivi.

5. Mantieni l'equilibrio e la prospettiva: Quando si tratta di rivedere e adattare gli obiettivi, è importante mantenere un equilibrio e una prospettiva sana. Non lasciare che i cambiamenti e le revisioni degli obiettivi ti facciano sentire come se stessi fallendo o come se non avessi una

direzione. Rivedere gli obiettivi è un segno di crescita e consapevolezza, e ti permette di adattarti alle nuove circostanze per mantenere l'allineamento con la tua visione di felicità.

6. Sii gentile con te stesso: Durante il processo di revisione e adattamento degli obiettivi, ricorda di essere gentile con te stesso. Accetta che i cambiamenti possono richiedere tempo ed è normale sperimentare un senso di incertezza o confusione. Mantieni una mentalità aperta e sii paziente con te stesso mentre lavori per adattare i tuoi obiettivi alle nuove circostanze.

In conclusione, rimanere flessibili e aperti a modificare gli obiettivi è essenziale per adattarsi ai cambiamenti della vita e garantire che siano allineati con la nostra visione della felicità. Rivedere regolarmente i propri obiettivi, adattarli alle nuove sfide e circostanze e mantenere un equilibrio e una prospettiva sana sono elementi chiave per garantire un percorso coerente verso il benessere e la realizzazione personale.

CAPITOLO 3: "NAVIGARE TRA LE ONDE: GESTIONE DELLO STRESS E RESILIENZA"

Comprendere lo Stress: Un'esplorazione scientifica di cosa è lo stress, come si manifesta e il suo impatto sul corpo e sulla mente.

Lo stress è una risposta naturale del corpo di fronte a una situazione percepita come minacciosa o sfidante. È una reazione fisiologica e psicologica che coinvolge una serie di processi nel nostro corpo e nella nostra mente. Pur essendo una risposta adattativa e di sopravvivenza, lo stress prolungato o eccessivo può avere effetti negativi sulla nostra salute e sul nostro benessere complessivo.

Dal punto di vista scientifico, lo stress coinvolge l'asse ipotalamo-ipofisi-surrene (HHS), che è una rete di comunicazione tra il cervello e le ghiandole surrenali responsabile della regolazione della risposta allo stress. In presenza di uno stimolo stressante, l'ipotalamo rilascia corticotropina (CRH), che a sua volta stimola l'ipofisi a rilasciare l'ormone adrenocorticotropo (ACTH). Questo ormone attiva le ghiandole surrenali, che producono cortisolo e altre sostanze chimiche coinvolte nella risposta allo stress.

La risposta allo stress può manifestarsi in diverse forme, tra cui il sistema nervoso simpatico attivato, che porta a un aumento della frequenza cardiaca, della pressione sanguigna e della sudorazione. Inoltre, viene rilasciata adrenalina, che prepara il corpo per la lotta o la fuga. Questi meccanismi di risposta possono essere utili in situazioni di emergenza, ma se attivati in modo cronico, possono portare a problemi di salute come ipertensione, disturbi del sonno, disfunzioni cognitive e problemi emotivi.

L'impatto dello stress sul corpo e sulla mente è ampio e può variare da persona a persona. Il corpo può manifestare sintomi fisici come mal di testa, tensione muscolare, disturbi gastrointestinali, aumento della suscettibilità alle infezioni e disturbi del sonno. A livello mentale ed emotivo, lo stress può provocare irritabilità, ansia, depressione, difficoltà di concentrazione, affaticamento e alterazioni dell'umore.

È importante notare che gli effetti dello stress non si limitano solo al corpo e alla mente, ma possono anche influenzare le nostre relazioni sociali, il lavoro e la qualità complessiva della vita. Lo stress cronico può compromettere la nostra capacità di affrontare le sfide quotidiane, influenzare la nostra produttività e rendere difficile il mantenimento di relazioni sane ed equilibrate.

Per gestire lo stress in modo efficace, è fondamentale sviluppare strategie di coping adeguate. Queste possono includere la pratica di tecniche di rilassamento come la meditazione o la respirazione profonda, l'esercizio fisico regolare, l'adeguato riposo e il sonno, l'adozione di uno stile di vita sano e l'appoggio sociale. La ricerca ha dimostrato che l'adozione di queste strategie può aiutare a ridurre lo stress, migliorare il benessere emotivo e prevenire potenziali problemi di salute.

In conclusione, lo stress è una risposta naturale del corpo a situazioni sfidanti o minacciose. Tuttavia, lo stress prolungato o eccessivo può avere effetti negativi sul nostro corpo e sulla nostra mente. Comprendere i meccanismi di risposta allo stress e adottare strategie di coping adeguate sono fondamentali per gestire lo stress in modo efficace e promuovere il benessere complessivo.

Riconoscere i Segnali dello Stress: Guida alla comprensione dei segnali di stress, sia fisici che emotivi, e all'importanza di riconoscere questi segnali per la gestione efficace dello stress.

Lo stress è una parte inevitabile della vita e può manifestarsi in vari modi, sia a livello fisico che emotivo. Riconoscere i segnali di stress è il primo passo per affrontarlo in modo efficace e prevenire il deterioramento del benessere complessivo. Ecco una guida per comprendere i segnali di stress e l'importanza di riconoscerli:

Segnali Fisici dello Stress: Lo stress può avere un impatto significativo sul nostro corpo, manifestandosi attraverso diversi segnali fisici. Questi segnali possono includere:

1. Mal di testa: Lo stress può causare tensione muscolare, compresa quella nella zona del collo e della testa, provocando mal di testa o emicranie.

2. Problemi gastrointestinali: Lo stress può influenzare il sistema digestivo, causando disturbi come dolori addominali, nausea, diarrea o costipazione.

3. Affaticamento: Lo stress cronico può portare a una sensazione costante di affaticamento, anche dopo un sonno sufficiente.

4. Disturbi del sonno: L'ansia e lo stress possono interferire con il sonno, causando insonnia, difficoltà ad addormentarsi o risvegli frequenti durante la notte.

5. Aumento o perdita di appetito: Lo stress può influire sulle abitudini alimentari, portando a un aumento o una diminuzione dell'appetito.

6. Dolore muscolare: Lo stress può causare tensione muscolare e dolore in diverse parti del corpo, come collo, spalle, schiena e mandibola.

Oltre ai segnali fisici, lo stress può influenzare anche il nostro stato emotivo e mentale. Alcuni segnali emotivi comuni associati allo stress includono:

1. Irritabilità: Lo stress può rendere più difficile gestire le emozioni, portando a una maggiore irritabilità, frustrazione o rabbia.

2. Ansia e preoccupazione: L'ansia è una risposta comune allo stress e può manifestarsi come una sensazione di apprensione costante o preoccupazione eccessiva.

3. Tristezza o depressione: Lo stress prolungato può contribuire allo sviluppo di sentimenti di tristezza, disinteresse o depressione.

4. Difficoltà di concentrazione: Lo stress può disturbare la nostra capacità di focalizzarci e concentrarci sulle attività quotidiane.

5. Cambiamenti dell'umore: Lo stress può portare a sbalzi d'umore, causando alti e bassi emotivi improvvisi.

6. Disturbi del pensiero: Lo stress può influenzare la chiarezza mentale e la capacità di prendere decisioni, portando a confusione o indecisione.

È importante riconoscere questi segnali di stress perché possono fungere da avvertimenti che ci indicano la necessità di adottare strategie di gestione dello stress. Ignorare o sottovalutare questi segnali può portare a un aumento dell'intensità dello stress e all'aggravamento dei sintomi.

Quando riconosciamo i segnali di stress, siamo in grado di intervenire tempestivamente per ridurre lo stress e prevenire potenziali problemi di salute.

In conclusione, riconoscere i segnali di stress, sia fisici che emotivi, è un passo fondamentale per gestire efficacemente lo stress. Prestando attenzione ai segnali che il nostro corpo e la nostra mente ci inviano, possiamo adottare strategie adeguate per affrontare lo stress in modo tempestivo e prevenire potenziali problemi di salute. Sii consapevole dei segnali di stress e prenditi cura di te stesso per promuovere un benessere equilibrato.

Lo stress è una parte inevitabile della vita, ma ci sono molte tecniche pratiche che possiamo utilizzare per gestirlo in modo efficace. Prendersi cura del proprio benessere mentale ed emotivo è essenziale per mantenere un equilibrio e affrontare le sfide quotidiane con più serenità. Ecco una serie di tecniche di gestione dello stress che puoi sperimentare:

1. Tecniche di Respirazione: La respirazione consapevole è un potente strumento per calmare la mente e rilassare il corpo. Puoi provare la respirazione diaframmatica, in cui inspiri lentamente attraverso il naso gonfiando il ventre e poi espiri gradualmente attraverso la bocca.

Concentrati sulle sensazioni fisiche del respiro e cerca di allungare l'espirazione per favorire il rilassamento.

2. Esercizio Fisico: L'esercizio regolare è un modo efficace per ridurre lo stress. L'attività fisica rilascia endorfine, sostanze chimiche del benessere, che possono migliorare l'umore e ridurre l'ansia. Trova un'attività fisica che ti piace, come camminare, correre, praticare lo yoga o ballare, e dedicaci del tempo regolarmente.

3. Tecniche di Rilassamento: Ci sono molte tecniche di rilassamento che puoi utilizzare per calmare la mente e il corpo. Queste includono la meditazione, la visualizzazione guidata, l'ascolto di musica rilassante, il prendersi del tempo per leggere o dedicarsi a un hobby che ti rilassa. Sperimenta diverse tecniche e scopri quali funzionano meglio per te.

4. Mindfulness: La mindfulness implica essere consapevoli del momento presente senza giudizio. Puoi praticare la mindfulness in

molti modi, come la meditazione mindfulness, il mangiare consapevole, l'ascolto attivo o la passeggiata in natura. Essere consapevoli del presente può aiutarti a ridurre lo stress e aumentare la consapevolezza di te stesso e del tuo ambiente.

5. Gestione del Tempo: Una buona gestione del tempo può ridurre lo stress e aumentare la produttività. Organizza le tue attività in modo efficace, stabilendo priorità e pianificando in anticipo. Imposta limiti di tempo per le attività e assicurati di dedicare del tempo per il riposo e il recupero.

6. Supporto Sociale: Il supporto sociale è fondamentale per affrontare lo stress. Parla con persone di fiducia, come amici, familiari o professionisti, per condividere le tue preoccupazioni e ricevere sostegno. Coinvolgiti in attività sociali che ti portano gioia e connessione con gli altri.

È importante sperimentare diverse tecniche e trovare quelle che funzionano meglio per te. Ogni individuo è unico e può rispondere in modo diverso alle diverse tecniche di gestione dello stress. Combina diverse strategie per creare un toolkit personalizzato che ti aiuti ad affrontare lo stress in modo efficace.

Ricorda che la pratica regolare di queste tecniche è fondamentale per ottenere risultati duraturi. Scegli quelle che ti piacciono di più e inseriscile nella tua routine quotidiana o settimanale. Mantieni un approccio flessibile e aperto, adattando le tecniche alle tue esigenze e sperimentandone di nuove quando necessario.

In conclusione, le tecniche di gestione dello stress offrono strumenti concreti per affrontare le sfide quotidiane. Sperimenta diverse tecniche di respirazione, esercizio fisico, rilassamento e mindfulness per trovare quelle che funzionano meglio per te. Prenditi cura del tuo benessere mentale ed emotivo, dedicando del tempo regolarmente per praticare queste tecniche e promuovere un equilibrio sano nella tua vita.

Costruire la Resilienza: Spiegazione di cosa significa essere resilienti e consigli su come costruire la resilienza per affrontare meglio le sfide e i cambiamenti della vita.

La resilienza è la capacità di adattarsi e riprendersi dalle avversità, di fronte a sfide, stress e cambiamenti della vita. Essere resilienti non significa non provare difficoltà o non affrontare momenti di dolore, ma piuttosto significa sviluppare una mentalità e una serie di competenze che ci permettono di affrontare le avversità in modo costruttivo. Ecco alcuni consigli su come costruire la resilienza nella vita quotidiana:

1. Accetta il cambiamento come parte della vita: Come detto in precedenza il cambiamento è inevitabile e, a volte, può essere fonte di stress e incertezza. Accettare che il cambiamento fa parte integrante della vita che ci permette di adattarci più facilmente alle nuove situazioni e di trovare modi creativi per affrontarle. Essere aperti al cambiamento ci rende più resilienti di fronte alle sfide impreviste.

2. Mantieni una mentalità positiva: La prospettiva mentale che adottiamo di fronte alle avversità può fare la differenza. Coltivare una mentalità positiva ci aiuta a concentrarci sulle soluzioni anziché sui problemi, a trovare opportunità di crescita e a mantenere l'ottimismo. Allenare la mente a vedere il lato positivo delle situazioni può aiutare a costruire una resilienza duratura.

3. Sviluppa una rete di supporto: Avere una rete di supporto sociale solida è fondamentale per la resilienza. Condividere le proprie esperienze e preoccupazioni con persone di fiducia può offrire un sostegno emotivo e pratico durante i momenti difficili.

4. Impara a gestire lo stress: La gestione dello stress è un aspetto chiave per la resilienza. Imparare tecniche di rilassamento come la meditazione, la respirazione profonda o lo yoga può aiutare a ridurre lo stress e a ristabilire l'equilibrio.

5. Sviluppa la flessibilità mentale: Essere flessibili e adattabili alle nuove circostanze è un elemento cruciale per la resilienza. Impara a guardare le situazioni da diverse prospettive. La flessibilità mentale ci permette di trovare nuove strade di fronte alle avversità.

6. Focalizzati sulle tue forze e risorse: Concentrati sulle tue forze, talenti e risorse personali. Riconoscere i tuoi punti di forza e utilizzarli per affrontare le sfide può aumentare la tua fiducia in te stesso e migliorare la tua resilienza. Sfrutta le tue competenze per affrontare le difficoltà e per trovare soluzioni creative.

Costruire la resilienza richiede tempo, impegno e pratica costante. Affronta le sfide come opportunità di crescita e sviluppo personale. Con una mentalità positiva, una rete di supporto solida e le giuste strategie, puoi costruire una resilienza che ti aiuterà ad affrontare meglio le sfide e i cambiamenti della vita.

La Resilienza Come Navigatore: Discussione su come la resilienza può aiutare a navigare attraverso le difficoltà e guidare verso la felicità, includendo esempi e strategie per aumentare la resilienza personale.

La resilienza può essere vista come un navigatore che ci guida attraverso le difficoltà della vita e ci porta verso una maggiore felicità e realizzazione personale. Essere resilienti significa avere la capacità di affrontare le avversità in modo costruttivo, di adattarsi ai cambiamenti e di rialzarsi dopo una caduta. Vediamo come la resilienza può aiutarci a navigare attraverso le difficoltà e quali strategie possiamo adottare per aumentare la nostra resilienza personale.

1. Adattabilità al cambiamento: La resilienza ci aiuta ad affrontare e adattarci ai cambiamenti in modo positivo. Ci permette di trovare soluzioni creative, di adottare prospettive diverse e di abbracciare nuove opportunità. Essere aperti al cambiamento e imparare a gestirlo in modo costruttivo ci

consente di navigare meglio attraverso le transizioni e le sfide che la vita ci presenta.

2. Gestione delle emozioni: La resilienza ci aiuta a gestire le nostre emozioni in modo sano e adattivo. Ci permette di riconoscere e accettare le emozioni negative, senza essere sopraffatti da esse. Attraverso strategie come la consapevolezza emotiva, la pratica della gratitudine e l'espressione delle emozioni in modo costruttivo.

3. Focalizzarsi sulle risorse interne: La resilienza ci invita a guardare all'interno di noi stessi per trovare le risorse e le forze necessarie per affrontare le sfide. Queste risorse possono includere la nostra autostima, la nostra fiducia, le nostre competenze e i nostri valori. Sviluppare la consapevolezza delle nostre risorse interne e imparare a utilizzarle in modo efficace ci aiuta a trovare la forza per superare le avversità e perseguire la felicità.

4. Costruire una rete di supporto: La resilienza si nutre delle relazioni e del supporto

sociale. Costruire una rete di supporto significativa, composta da familiari, amici, mentori o professionisti, ci offre un sostegno emotivo e pratico nelle situazioni difficili. Condividere le nostre esperienze, ricevere incoraggiamento e consigli da parte degli altri può aiutarci a navigare attraverso le difficoltà e a mantenere la fiducia in noi stessi.

5. Coltivare una mentalità positiva: La resilienza ci invita a sviluppare una mentalità positiva di fronte alle avversità. Ci incoraggia a cercare il lato positivo delle situazioni, a imparare dagli errori e a vedere le sfide come opportunità di crescita e di miglioramento.

In conclusione, la resilienza svolge un ruolo chiave nel navigare attraverso le difficoltà della vita e perseguire la felicità. Utilizzando strategie come l'adattabilità al cambiamento, la gestione delle emozioni, il focalizzarsi sulle risorse interne, la costruzione di una rete di supporto, la coltivazione di una mentalità positiva e la cura di sé, possiamo aumentare la nostra resilienza personale. La resilienza ci guida attraverso le tempeste della vita, ci permette di imparare dalle sfide e di crescere come individui, portandoci verso una vita più felice e significativa.

CAPITOLO 4: "IL POTERE DEL PRESENTE: PRATICARE LA MINDFULNESS"

Cos'è la Mindfulness: Introduzione al concetto di mindfulness, alle sue radici storiche e spirituali, e alla sua applicazione nella psicologia contemporanea.

La mindfulness è diventata un termine popolare negli ultimi anni, ma cosa significa veramente? La mindfulness è un concetto che affonda le sue radici nell'antica tradizione buddista, ma ha trovato applicazione anche nella psicologia contemporanea come approccio per promuovere il benessere mentale ed emotivo.

La mindfulness è la pratica di essere consapevoli del momento presente, senza giudicare o reagire in modo automatico alle esperienze. Si tratta di portare l'attenzione consapevole alla nostra esperienza presente, accettandola senza cercare di cambiarla o di fuggire da essa. La mindfulness richiede una mente aperta e curiosa, una consapevolezza non giudicante e una presenza attenta al momento presente.

Le radici storiche e spirituali della mindfulness risalgono a oltre 2500 anni fa, quando il Buddha insegnò la pratica della consapevolezza come parte del sentiero verso l'illuminazione. La mindfulness era vista come una via per liberarsi dalla sofferenza e raggiungere una maggiore consapevolezza e saggezza.

Nella psicologia contemporanea, la mindfulness è stata introdotta da Jon Kabat-Zinn negli anni '70 come parte del programma di riduzione dello stress basato sulla consapevolezza (MBSR). Questo programma ha adottato la pratica della mindfulness come strumento per affrontare lo stress, il dolore cronico e altre condizioni mediche.

Oggi, la mindfulness è diventata parte integrante di molte terapie e approcci psicologici. Viene utilizzata per trattare una vasta gamma di disturbi, tra cui ansia, depressione, disturbi alimentari, traumi e dipendenze. La sua applicazione nella psicologia si basa sull'idea che sviluppare la consapevolezza e accettare le esperienze presenti può favorire una maggiore resilienza, una migliore regolazione emotiva e una maggiore qualità della vita.

La pratica della mindfulness coinvolge l'osservazione consapevole delle sensazioni fisiche, dei pensieri, delle emozioni e delle esperienze presenti, senza giudicarle o cercare di cambiarle. Attraverso la mindfulness, impariamo ad accogliere le nostre esperienze in modo non reattivo, a lasciarle andare e a tornare al momento presente.

Ci sono diverse tecniche per praticare la mindfulness, come la meditazione mindfulness, in cui ci si concentra sull'osservazione dei pensieri e delle sensazioni corporee, la consapevolezza durante le attività quotidiane, come mangiare o fare una passeggiata, e le pratiche di respirazione consapevole.

I benefici della mindfulness sono stati ampiamente studiati e documentati. La pratica regolare della mindfulness è stata associata a una riduzione dello stress, un miglioramento della concentrazione e della memoria, una maggiore consapevolezza emotiva, una migliore regolazione delle emozioni, una maggiore compassione per se stessi e gli altri, e un aumento del senso di benessere complessivo.

La mindfulness è una pratica antica che ha trovato una nuova applicazione nella psicologia contemporanea. Essa coinvolge la consapevolezza del momento presente e la capacità di accettare le esperienze senza giudizio.

La pratica della mindfulness ha dimostrato una serie di benefici documentati sulla salute mentale, emotiva e fisica. Molti studi hanno indagato gli effetti della mindfulness su diverse popolazioni e contesti, rivelando risultati promettenti. Ecco una discussione sui principali benefici della pratica della mindfulness:

1. Riduzione dello stress: Uno dei benefici più evidenti della mindfulness è la riduzione dello stress. La pratica della mindfulness permette di spegnere il pilota automatico e di focalizzarsi sul momento presente, riducendo l'ansia riguardo al futuro e il rimuginare sul passato. Le persone che praticano la mindfulness riportano un maggiore senso di calma, una riduzione del livello di stress percepito e una migliore capacità di affrontare le sfide quotidiane.

2. Miglioramento dell'attenzione: La mindfulness richiede di essere consapevoli

e concentrati sul momento presente. La pratica regolare della mindfulness può migliorare l'attenzione e la concentrazione, consentendo di essere più presenti e focalizzati nelle attività quotidiane. Sono stati condotti studi che dimostrano come la mindfulness possa aumentare la capacità di concentrazione, migliorare le prestazioni cognitive e ridurre la tendenza a distrazioni e divagazioni mentali.

3. Maggiore consapevolezza emotiva: La mindfulness ci invita a diventare più consapevoli delle nostre emozioni senza giudicarle o reagire automaticamente ad esse. Questa pratica ci aiuta a sviluppare una maggiore consapevolezza emotiva, osservando e comprendendo le nostre emozioni in modo non reattivo. Ciò favorisce una migliore regolazione emotiva, la capacità di gestire lo stress e una maggiore compassione verso noi stessi e gli altri.

4. Incremento del benessere generale: Numerosi studi hanno evidenziato una correlazione tra la pratica della mindfulness e un miglioramento del benessere generale. La mindfulness può aumentare il senso di soddisfazione nella vita, promuovere una maggiore resilienza, migliorare l'autostima e favorire una maggiore qualità delle relazioni interpersonali. Inoltre, la pratica regolare della mindfulness può favorire un senso di connessione con il presente e una maggiore gratitudine per ciò che si ha nella propria vita.

5. Miglioramento della salute fisica: Oltre ai benefici mentali ed emotivi, la pratica della mindfulness è stata associata a miglioramenti nella salute fisica. La riduzione dello stress correlata alla mindfulness può avere effetti positivi sul sistema immunitario, cardiovascolare e sul controllo dell'infiammazione. Inoltre, la mindfulness può contribuire a migliorare il sonno, la gestione del dolore cronico e la salute generale.

È importante sottolineare che i benefici della mindfulness si manifestano con la pratica costante e regolare nel tempo. La mindfulness è una competenza che richiede impegno e dedizione per essere pienamente sperimentata e apprezzata.

Sperimentare personalmente i benefici della mindfulness può essere un'esperienza trasformativa, offrendo strumenti per affrontare le sfide della vita in modo più equilibrato e centrato.

Mindfulness e Felicità: Spiegazione di come la mindfulness può promuovere la felicità attraverso l'accettazione del presente, la riduzione dell'ansia riguardo al futuro e la mitigazione del rimpianto per il passato.

La felicità è un obiettivo comune per molte persone, ma spesso ci troviamo impegnati nelle preoccupazioni sul futuro o nei rimpianti sul passato, impedendoci di sperimentare la gioia e la serenità del momento presente. La pratica della mindfulness può aiutarci a rompere questi schemi mentali e ad abbracciare l'esperienza del presente, favorendo un senso di felicità e appagamento. Ecco come la mindfulness può promuovere la felicità:

1. Accettazione del presente: La mindfulness ci invita ad accettare il momento presente così com'è, senza giudizio o desiderio di cambiarlo. Accettare la realtà del momento presente, anche se non è come vorremmo che fosse, ci permette di vivere con maggiore serenità e gratitudine. Accettare ciò che non possiamo controllare e concentrarci su ciò che è possibile influenzare ci aiuta a trovare la pace interiore e ad apprezzare il presente.

2. Riduzione dell'ansia riguardo al futuro: Spesso l'ansia e le preoccupazioni riguardo al futuro ci impediscono di vivere pienamente nel presente. La mindfulness ci aiuta a focalizzarci sul qui e ora, lasciando andare le preoccupazioni sul futuro che spesso sono frutto della nostra mente che proietta scenari negativi. Essere presenti

nel momento ci permette di affrontare le sfide del futuro con maggiore calma e chiarezza, riducendo l'ansia e aprendo spazi per la felicità nel presente.

3. Mitigazione del rimpianto per il passato: La pratica della mindfulness ci insegna ad accogliere i ricordi del passato senza rimuginare su di essi o alimentare il rimpianto. Spesso ci tratteniamo nei rimpianti per le scelte passate o ci aggrappiamo a eventi dolorosi. La mindfulness ci permette di guardare al passato con gentilezza, imparando dalle esperienze passate senza esserne prigionieri. Accettare e lasciar andare ciò che non possiamo cambiare ci aiuta a vivere più pienamente nel presente e a promuovere la felicità.

4. Consapevolezza dei momenti gioiosi: La mindfulness ci invita a notare e apprezzare i momenti gioiosi della vita. Attraverso la pratica dell'attenzione consapevole, impariamo a prestare attenzione ai piccoli

piaceri quotidiani, alle relazioni significative e alle esperienze positive. Essere presenti in questi momenti ci consente di gustare appieno la felicità che essi offrono. La consapevolezza della gioia ci permette di coltivare un senso di gratitudine e di gioia che contribuiscono alla nostra felicità complessiva.

5. Sviluppo della compassione: La mindfulness ci aiuta a coltivare la compassione verso noi stessi e gli altri. Essere gentili e comprensivi verso noi stessi, riconoscendo la nostra umanità e accogliendo i nostri limiti, ci permette di vivere con maggior equilibrio emotivo e di promuovere un senso di felicità interiore. Allo stesso modo, la consapevolezza dei bisogni e delle sofferenze degli altri ci porta a sviluppare relazioni più autentiche e connessioni significative che contribuiscono alla nostra felicità.

La pratica regolare della mindfulness ci aiuta a coltivare una maggiore consapevolezza del presente, accettando ciò che la vita ci offre in ogni momento. Questa consapevolezza e accettazione ci permettono di vivere con più serenità e gioia, promuovendo una felicità autentica e duratura. La mindfulness ci invita a rallentare, a prestare attenzione e ad essere pienamente presenti nella nostra esperienza, aprendo spazi per la felicità nel qui e ora.

La mindfulness non è solo un concetto astratto, ma una pratica che richiede un impegno attivo nella vita di tutti i giorni. Ecco una serie di tecniche pratiche di mindfulness che i lettori possono incorporare nella loro vita quotidiana per sperimentare i benefici di questa pratica:

1. Meditazione di consapevolezza: La meditazione di consapevolezza è una delle tecniche più comuni e potenti per sviluppare la mindfulness. Trova un luogo tranquillo e comodo, siediti in una posizione rilassata e inizia a concentrarti sulla tua

respirazione. Osserva il respiro che entra ed esce dal tuo corpo, senza cercare di controllarlo. Quando la tua mente si distrae con pensieri, osservali gentilmente e riporta l'attenzione al respiro. La meditazione di consapevolezza può essere praticata per brevi periodi di tempo, come 5-10 minuti al giorno, ed è un'opportunità per allenare la mente a essere presente nel momento presente.

2. Mindfulness durante l'attività quotidiana: La mindfulness non si limita alla meditazione formale, ma può essere applicata a tutte le attività quotidiane. Sperimenta la consapevolezza mentre fai la doccia, mangi, cammini o fai il bucato. Presta attenzione ai dettagli sensoriali, come le sensazioni tattili, i sapori e gli odori. Sii pienamente presente nel momento, senza divagare con i pensieri. Questa pratica può aiutarti a ritrovare la gioia e la consapevolezza anche nelle attività più comuni.

3. Scansione corporea: La scansione corporea è un'efficace tecnica di mindfulness che coinvolge l'attenzione consapevole al corpo. Sdraiati o siediti in modo confortevole e concentra la tua attenzione su ogni parte del corpo, una alla volta. Nota le sensazioni fisiche, le tensioni o le aree di rilassamento. Osserva semplicemente senza giudicare o cercare di cambiare nulla. La scansione corporea può aiutarti a sviluppare una maggiore consapevolezza del tuo corpo e a rilasciare le tensioni accumulate.

4. Pratica della gratitudine: La pratica della gratitudine è un modo potente per coltivare la consapevolezza e la felicità nel quotidiano. Ogni giorno, prenditi un momento per riflettere su ciò per cui sei grato. Focalizzati su piccole cose, come un sorriso ricevuto, un momento di tranquillità o un pasto gustoso.

5. Pratica della consapevolezza dell'emozione: Questa tecnica implica il riconoscimento e

l'accettazione delle tue emozioni senza giudicarle. Quando sperimenti un'emozione, prendi un momento per osservarla senza cercare di cambiarla o sopprimerla. Nota le sensazioni fisiche associate all'emozione e osserva come si manifesta nel tuo corpo. Questa pratica ti aiuta a sviluppare una maggiore consapevolezza emotiva e a gestire le emozioni in modo più sano e bilanciato.

6. Ascolto consapevole: Dedica del tempo a praticare l'ascolto consapevole nelle tue interazioni quotidiane. Quando stai conversando con qualcuno, metti da parte le distrazioni e sii pienamente presente nell'ascolto. Prendi consapevolezza delle parole, dei toni di voce e dei messaggi non verbali dell'altro. Sii presente senza interrompere o giudicare. Questa pratica ti aiuta a coltivare una comunicazione più autentica e a costruire relazioni più significative.

La chiave per integrare la mindfulness nella tua vita quotidiana è la pratica costante e regolare. Inizia con piccoli passi, dedicando solo alcuni minuti al giorno a queste tecniche, e gradualmente aumenta la durata. Trova ciò che funziona meglio per te e adatta le tecniche alla tua routine e al tuo stile di vita.

La mindfulness non è una soluzione istantanea, ma piuttosto una prospettiva e una pratica che può trasformare gradualmente la tua esperienza di vita. Con il tempo, noterai un maggiore senso di consapevolezza, presenza e felicità nel tuo quotidiano.

La mindfulness può avere un impatto significativo sulla nostra vita, ma per sperimentare i suoi benefici è importante costruire una pratica consistente e duratura. Ecco alcuni consigli per creare una routine di mindfulness che si adatti alle tue esigenze e al tuo stile di vita:

1. Trova il momento giusto: Trova un momento nella tua giornata in cui puoi dedicare del tempo alla pratica di mindfulness. Potrebbe essere al mattino appena svegli, durante la pausa pranzo o la sera prima di andare a dormire. Scegli un momento in cui puoi essere tranquillo e senza interruzioni. Ricorda che la pratica di mindfulness non deve necessariamente richiedere molto tempo. Anche solo pochi minuti al giorno possono fare la differenza.

2. Inizia con piccoli passi: Come detto, non sentirti obbligato a dedicare subito lunghi periodi alla pratica di mindfulness. Inizia con piccoli passi, ad esempio 5-10 minuti al giorno, e gradualmente aumenta la durata man mano che ti senti più a tuo agio. L'obiettivo è creare una pratica sostenibile che si integri facilmente nella tua routine quotidiana.

3. Scegli la tecnica giusta: Esistono diverse tecniche di mindfulness, come la meditazione di consapevolezza, la

scansione corporea o la mindfulness durante l'attività quotidiana. Esplora le diverse opzioni e scegli quella che ti risuona di più. Potresti anche alternare le tecniche in base alle tue esigenze e all'ambiente in cui ti trovi. L'importante è trovare una pratica che ti sia piacevole e che ti aiuti a connetterti con il momento presente.

4. Supera gli ostacoli comuni: Durante il percorso della mindfulness, potresti incontrare ostacoli come la mancanza di motivazione o la difficoltà a rimanere concentrato. È normale che la mente divaghi durante la pratica, ma l'importante è notare che la mente ha divagato e gentilmente riportarla al momento presente. Se incontri difficoltà, cerca di non giudicarti e ricorda che la pratica è un processo continuo di apprendimento.

5. Personalizza la pratica: Ognuno ha esigenze e preferenze diverse. Sii flessibile nella tua pratica di mindfulness e personalizzala in base alle tue necessità. Puoi modificare la

durata della pratica, adattarla alle tue preferenze o utilizzare diverse tecniche a seconda delle circostanze. Sperimenta e trova ciò che funziona meglio per te.

6. Trova supporto: Se trovi difficoltà a mantenere una pratica di mindfulness consistente, cerca supporto. Puoi unirti a un gruppo di meditazione, partecipare a corsi o seguire app o video online. Il supporto di altri praticanti può offrire motivazione e condivisione delle esperienze.

Ricorda che la pratica di mindfulness è un viaggio personale e un impegno verso il benessere mentale ed emotivo. Con costanza e pazienza, la pratica di mindfulness diventerà parte integrante della tua vita, portando beneficio alla tua felicità e al tuo benessere complessivo.

CAPITOLO 5: "ALIMENTARE IL CORPO, NUTRIRE L'ANIMA: BENESSERE FISICO E FELICITÀ"

La Connessione Mente-Corpo: Discussione sull'interazione tra il benessere fisico e mentale, e come l'uno può influenzare l'altro.

La connessione mente-corpo è un concetto fondamentale che evidenzia l'interazione e l'interdipendenza tra la salute mentale e il benessere fisico. La ricerca ha dimostrato che ciò che accade nella mente può avere un impatto significativo sul corpo e viceversa. Ecco una discussione sull'interazione tra mente e corpo e come l'uno può influenzare l'altro:

1. Effetto della mente sul corpo: La nostra mente ha il potere di influenzare il nostro stato fisico. I pensieri, le emozioni e le credenze possono avere un impatto sul sistema nervoso autonomo, che controlla funzioni come la frequenza cardiaca, la

pressione sanguigna e la risposta allo stress. Ad esempio, lo stress mentale cronico può manifestarsi come tensione muscolare, mal di testa o disturbi gastrointestinali. D'altra parte, la gestione efficace dello stress mentale può contribuire a un miglioramento del benessere fisico complessivo.

2. Effetto del corpo sulla mente: Il benessere fisico può influenzare il nostro stato mentale ed emotivo. Un corpo sano può sostenere una mente sana. L'esercizio fisico regolare, una corretta alimentazione e il riposo adeguato sono elementi fondamentali per promuovere la salute mentale. L'attività fisica, ad esempio, può favorire la produzione di endorfine, sostanze chimiche che migliorano l'umore e riducono lo stress. Inoltre, una corretta alimentazione può fornire i nutrienti necessari per sostenere il cervello e il sistema nervoso.

3. Approccio olistico al benessere: L'approccio olistico al benessere considera la salute e il benessere come l'integrazione di mente, corpo e spirito. Riconoscere l'importanza della connessione mente-corpo ci spinge ad adottare un approccio olistico al benessere, che comprenda l'attenzione sia alla salute mentale che a quella fisica. Prendersi cura della mente e del corpo in modo integrato può favorire una migliore qualità di vita complessiva.

4. Interventi integrati per la salute: Considerando l'interazione tra mente e corpo, gli interventi per il benessere dovrebbero essere integrati, indirizzando sia gli aspetti mentali che fisici. Un approccio integrato favorisce una visione più completa e globale del benessere, promuovendo un equilibrio tra mente e corpo.

La connessione mente-corpo riveste un ruolo fondamentale nel nostro benessere generale. Riconoscere l'interazione tra mente e corpo ci permette di adottare un approccio olistico alla salute, prendendoci cura di entrambi gli aspetti in modo integrato.

Alimentazione e Felicità: Esplorazione di come una dieta equilibrata e nutriente può contribuire alla felicità generale, includendo consigli pratici per fare scelte alimentari sane.

L'alimentazione svolge un ruolo fondamentale nel nostro benessere complessivo, incluso il nostro stato emotivo e la felicità. Una dieta equilibrata e nutriente può influenzare positivamente il nostro umore, i livelli di energia e la nostra capacità di affrontare lo stress. Ecco come un'alimentazione sana può contribuire alla felicità generale e alcuni consigli pratici per fare scelte alimentari sane:

1. Nutrire il cervello: Il cervello ha bisogno di nutrienti essenziali per funzionare al meglio. Una dieta ricca di antiossidanti, vitamine, minerali e acidi grassi omega-3 può favorire la salute del cervello e

migliorare l'umore. Includi nella tua alimentazione cibi come frutta e verdura colorata, pesce grasso, noci, semi e cereali integrali per fornire al tuo cervello i nutrienti necessari per una funzione ottimale.

2. Regolare gli zuccheri nel sangue: Gli sbalzi dei livelli di zuccheri nel sangue possono influire sull'umore e sulla stabilità emotiva. Evita cibi ad alto contenuto di zuccheri raffinati, come dolci, bibite gassate e cibi processati. Opta invece per carboidrati complessi come cereali integrali, legumi e verdure, che rilasciano l'energia gradualmente nel corpo, evitando picchi e cali improvvisi dei livelli di zuccheri nel sangue.

3. Alimenti ricchi di triptofano: Il triptofano è un aminoacido essenziale che il corpo utilizza per produrre serotonina, un neurotrasmettitore che contribuisce al benessere e all'equilibrio emotivo. Alcuni alimenti ricchi di triptofano includono latte

e latticini, pollo, tacchino, pesce, semi di zucca e banane. Includere questi alimenti nella tua dieta può favorire la produzione di serotonina e migliorare l'umore.

4. Equilibrio tra macronutrienti: Assicurati di ottenere un equilibrio adeguato di carboidrati, proteine e grassi nella tua dieta. I carboidrati forniscono energia, le proteine sono fondamentali per la costruzione dei tessuti e dei neurotrasmettitori, mentre i grassi sani sono essenziali per la salute cerebrale. Scegli fonti di carboidrati integrali come pane integrale, pasta, riso integrale e legumi. Includi proteine magre come pollo, pesce, uova, legumi e latticini e opta per grassi sani come avocado, noci, semi e oli vegetali.

5. Bevi abbondante acqua: L'idratazione adeguata è essenziale per il funzionamento del corpo e della mente. L'acqua mantiene l'equilibrio dei fluidi nel corpo e favorisce una corretta funzione cerebrale. Assicurati di bere a sufficienza acqua durante la

giornata e riduci il consumo di bevande zuccherate o alcoliche che possono avere un impatto negativo sul tuo umore e livello di energia.

6. Pratica la consapevolezza alimentare: La consapevolezza alimentare implica mangiare in modo consapevole, prestare attenzione al cibo e ai segnali di fame e sazietà. Pratica il mangiare lento, gustando ogni morso e notando le sensazioni fisiche e il gusto del cibo. Evita di mangiare in modo distratto o emotivo, ma piuttosto cerca di connetterti con la tua fame e i tuoi desideri genuini.

7. Sperimenta e personalizza: Ogni persona ha esigenze e preferenze alimentari diverse. Sperimenta con diversi alimenti, ricette e cucine per trovare ciò che ti piace e ti fa sentire meglio. Ascolta il tuo corpo e fai scelte alimentari che ti nutrano e ti facciano sentire soddisfatto e pieno di energia.

Ricorda che una singola scelta alimentare non determina la felicità o il benessere complessivo, ma una dieta equilibrata nel lungo termine può contribuire a una migliore salute mentale e fisica. La consapevolezza e l'attenzione a ciò che mettiamo nel nostro corpo sono elementi chiave per una relazione sana e felice con il cibo.

L'esercizio fisico non è solo fondamentale per mantenere un corpo sano, ma ha anche un impatto significativo sul nostro benessere emotivo e sulla felicità complessiva. Numerose ricerche hanno dimostrato i benefici dell'attività fisica sull'umore, lo stress, l'autostima e la gestione delle emozioni. Ecco una discussione sull'importanza dell'esercizio fisico per la salute mentale e alcuni suggerimenti su come incorporare l'attività fisica nella vita quotidiana:

1. Rilascio di endorfine: L'esercizio fisico stimola la produzione di endorfine, sostanze chimiche naturali del corpo che migliorano l'umore e creano una sensazione di benessere. Le endorfine sono noti come

"gli ormoni della felicità". Durante l'esercizio, questi neurotrasmettitori vengono rilasciati nel cervello, promuovendo una sensazione di euforia e riducendo lo stress e l'ansia.

2. Miglioramento dell'umore e della salute mentale: L'esercizio fisico regolare è stato associato a un miglioramento dell'umore generale e alla prevenzione dei disturbi dell'umore come la depressione. L'attività fisica stimola la produzione di neurotrasmettitori come la serotonina, che è coinvolta nella regolazione dell'umore. Inoltre, l'esercizio può fornire un senso di realizzazione e fiducia in se stessi, contribuendo a un'immagine corporea positiva e a un aumento dell'autostima.

3. Aumento dell'energia e della concentrazione: L'attività fisica regolare migliora l'energia e la resistenza, rendendoci più vigili e concentrati. L'esercizio aumenta il flusso di ossigeno al cervello, migliorando la funzione cognitiva e

la capacità di concentrazione. Inoltre, l'esercizio fisico favorisce il riposo notturno, contribuendo a un sonno più profondo e di qualità.

4. Sviluppo di relazioni sociali: L'attività fisica può essere un'opportunità per connettersi con gli altri e sviluppare relazioni sociali significative. Partecipare a una classe di fitness, a una squadra sportiva o a un gruppo di corsa può offrire un senso di appartenenza, supporto sociale e motivazione reciproca. Queste interazioni sociali positive possono contribuire al benessere emotivo e alla felicità complessiva.

Per incorporare l'esercizio fisico nella vita quotidiana, ecco alcuni suggerimenti pratici:

• Trova una forma di attività fisica che ti piace: Scegli un'attività che ti appassiona e che ti diverte. Potrebbe essere una camminata all'aperto, una lezione di danza, una sessione di yoga o un allenamento in palestra. Trovare un'attività che ti piace renderà l'esercizio più piacevole e sostenibile nel tempo.

- Stabilisci obiettivi realistici: Fissa obiettivi di attività fisica realistici e raggiungibili. Ad esempio, inizia con 3 sessioni di esercizio di 30 minuti a settimana e gradualmente aumenta l'intensità o la durata. Avendo obiettivi chiari, sarai motivato a mantenerli e vedrai i progressi nel tempo.

- Integra l'esercizio nella tua routine quotidiana: Trova modi per incorporare l'attività fisica nella tua routine quotidiana. Ad esempio, prendi le scale invece dell'ascensore, parcheggia l'auto più lontano per camminare di più o fai una passeggiata durante la pausa pranzo. Trovare piccoli momenti durante la giornata per muoversi può fare la differenza.

- Trova un compagno di allenamento: Trova un amico o un partner di allenamento con cui condividere l'attività fisica. Avendo un compagno di allenamento, avrai qualcuno con cui condividere le esperienze, mantenerti motivato e rendere l'esercizio più divertente.

- Sii flessibile e varia: Non limitarti a una sola forma di attività fisica, ma prova diverse attività per mantenere l'interesse e sfidarti. Alterna tra allenamenti cardiovascolari, esercizi di forza e flessibilità per mantenere il tuo corpo e la tua mente stimolati.

L'esercizio fisico è un elemento fondamentale per il benessere emotivo e la felicità.

Riposo e Recupero: Approfondimento sull'importanza del sonno e del recupero, e come possono influenzare la felicità e il benessere generale.

Il sonno e il recupero adeguati sono essenziali per il nostro benessere generale, sia a livello fisico che mentale. Durante il sonno, il corpo e la mente si rigenerano, riparano e si preparano per affrontare le sfide della giornata successiva. Ecco un approfondimento sull'importanza del sonno e del recupero e come possono influenzare la felicità e il benessere generale:

1. Ripristino del corpo: Durante il sonno, il corpo ripara i tessuti danneggiati, rilascia ormoni che favoriscono la crescita e il recupero muscolare, e ristabilisce l'equilibrio chimico. Il sonno di qualità è fondamentale per il sistema immunitario, poiché aiuta a rinforzare le difese del corpo e a prevenire malattie e infezioni.

2. Riposo della mente: Il sonno non solo ripristina il corpo, ma permette anche alla mente di riposare e recuperare. Durante il sonno, il cervello elabora le informazioni acquisite durante il giorno, consolidando la memoria e contribuendo alla funzione cognitiva. Il sonno di qualità migliora l'attenzione, la concentrazione e la capacità decisionale.

3. Equilibrio emotivo: Il sonno insufficiente può influire negativamente sulle emozioni e sulla regolazione emotiva. La mancanza di sonno può rendere più difficile gestire lo

stress, aumentare l'irritabilità e l'ansia, e ridurre la tolleranza al disagio emotivo. Un sonno adeguato favorisce uno stato emotivo più equilibrato e può contribuire alla felicità generale.

4. Energia e vitalità: Il sonno e il recupero sono essenziali per ripristinare l'energia fisica e mentale. Quando si riposa a sufficienza, ci si sveglia più energici, rinfrescati e pronti ad affrontare la giornata. Un sonno di qualità migliora la resistenza fisica, la concentrazione e la produttività, consentendo di svolgere le attività quotidiane con maggiore vigore e soddisfazione.

5. Promozione del benessere generale: Il sonno e il recupero adeguati sono fondamentali per il benessere generale. La mancanza di sonno cronica è stata associata a un aumento del rischio di problemi di salute come malattie cardiache, diabete, obesità e disturbi mentali. D'altra parte, un riposo di qualità è associato a una migliore

qualità della vita, a una maggiore resilienza e a una migliore gestione dello stress.

Per garantire un sonno e un recupero adeguati, ecco alcuni suggerimenti pratici:

- Stabilisci una routine di sonno: Cerca di andare a dormire e svegliarti alla stessa ora ogni giorno, anche nei giorni liberi. Questo aiuta a regolare il tuo ritmo circadiano e favorisce un sonno più regolare e di qualità.

- Crea un ambiente di sonno favorevole: Assicurati che la tua camera da letto sia confortevole, fresca, silenziosa e buia. Utilizza un materasso e un cuscino adeguati al tuo comfort personale e limita l'uso di dispositivi elettronici prima di dormire.

- Pratica una routine di rilassamento: Prima di coricarti, dedica del tempo a rilassarti e prepararti per il sonno. Puoi sperimentare tecniche di rilassamento come la meditazione, la respirazione profonda o il rilassamento muscolare progressivo.

- Limita gli stimolanti: Evita l'assunzione di caffeina o altre sostanze stimolanti nelle ore precedenti il sonno. Queste sostanze possono interferire con la qualità del sonno e rendere più difficile l'addormentamento.

Il sonno e il recupero adeguati sono fondamentali per la salute e il benessere complessivo. Prendersi cura del proprio sonno e assicurarsi un adeguato recupero contribuisce alla felicità, all'equilibrio emotivo e alla vitalità nella vita di tutti i giorni.

Pratiche Olistiche per la Felicità: Presentazione di pratiche olistiche come lo yoga, la meditazione e l'aromaterapia, spiegando come queste possano contribuire a un benessere fisico ed emotivo completo e alla felicità.

Le pratiche olistiche sono approcci che mirano a prendersi cura del benessere complessivo, considerando l'interconnessione tra corpo, mente e spirito. Queste pratiche sono diventate sempre più popolari nel promuovere la felicità e il benessere generale. Tra le pratiche olistiche più note ci sono lo yoga, la meditazione e l'aromaterapia. Ecco come queste pratiche possono contribuire a un benessere fisico ed emotivo completo e alla felicità:

1. Yoga: Lo yoga è un sistema antico di esercizi fisici, respirazione e meditazione che favorisce l'armonia tra mente, corpo e spirito. La pratica dello yoga aumenta la forza e la flessibilità fisica, migliora la concentrazione e promuove la consapevolezza del corpo. Inoltre, lo yoga incoraggia la connessione mente-corpo attraverso la consapevolezza del respiro e la presenza nel momento presente. Questa pratica può alleviare lo stress, migliorare l'equilibrio emotivo e promuovere uno stato di calma e serenità.

2. Meditazione: La meditazione è una pratica che coinvolge l'attenzione consapevole o il focus su un oggetto, un suono o una

sensazione. Attraverso la meditazione, siamo in grado di coltivare la consapevolezza e l'osservazione neutrale dei pensieri, delle emozioni e delle sensazioni. Questo porta a una maggiore chiarezza mentale, calma interiore e riduzione dello stress. La meditazione può anche favorire l'autocompassione, l'accettazione di sé e degli altri, e promuovere una prospettiva più positiva sulla vita. Praticare la meditazione regolarmente può aiutare a sviluppare una mente più tranquilla, aumentare la concentrazione e migliorare la gestione delle emozioni.

3. Aromaterapia: L'aromaterapia è una pratica che utilizza oli essenziali derivati da piante per promuovere il benessere fisico ed emotivo. Gli oli essenziali possono essere utilizzati attraverso il massaggio, la diffusione nell'aria o l'aggiunta a bagni caldi. Ogni olio essenziale ha proprietà uniche che possono influenzare l'umore, alleviare lo stress, favorire il rilassamento e stimolare

l'energia. Ad esempio, la lavanda è nota per le sue proprietà calmanti, mentre gli oli di agrumi come l'arancia e il limone possono avere effetti energizzanti e rinfrescanti. L'aromaterapia può contribuire a creare un ambiente armonioso e favorire uno stato emotivo positivo.

4. Benefici fisici ed emotivi: Queste pratiche olistiche offrono una serie di benefici sia a livello fisico che emotivo. L'esercizio fisico dello yoga, ad esempio, favorisce la flessibilità, la forza muscolare e il benessere cardiovascolare. La meditazione può ridurre la pressione sanguigna, migliorare la qualità del sonno e ridurre l'ansia. L'aromaterapia può ridurre la tensione muscolare, favorire il rilassamento e migliorare il sonno. Attraverso queste pratiche olistiche, è possibile raggiungere un equilibrio tra corpo e mente, aumentare la consapevolezza e favorire uno stato di benessere generale.

5. Incorporare le pratiche nella vita quotidiana: Puoi iniziare con brevi sessioni di yoga o meditazione ogni giorno, magari al mattino o alla sera, per creare una routine che funzioni per te. L'aromaterapia può essere praticata utilizzando oli essenziali in diffusori, durante il bagno o il massaggio. Esplora le diverse pratiche e trova quelle che ti risuonano di più, adattandole alle tue esigenze e preferenze personali.

Le pratiche olistiche come lo yoga, la meditazione e l'aromaterapia offrono un approccio integrato al benessere fisico ed emotivo. Integrare queste pratiche nella vita quotidiana può contribuire a un equilibrio generale, favorire la consapevolezza di sé e promuovere la felicità e il benessere. Sperimenta e scopri quali pratiche olistiche funzionano meglio per te, creando uno spazio di autentico benessere e tranquillità nella tua vita.

CAPITOLO 6: "RIFLESSI NELL'ACQUA: L'IMPORTANZA DELL'AUTOSTIMA"

Definizione di Autostima: Un'introduzione a cosa significa autostima, perché è importante e come può influenzare la felicità e il successo personale.

L'autostima è un concetto fondamentale nella psicologia che si riferisce alla valutazione che una persona ha di sé stessa. È il grado di fiducia, rispetto e amore che una persona nutre nei confronti di se stessa. L'autostima si basa sulla percezione di sé, sulle proprie capacità, sulle qualità personali e sulle esperienze di successo e insuccesso vissute nel corso della vita.

L'autostima sana è caratterizzata da una valutazione positiva di sé, una fiducia nelle proprie capacità e una sana accettazione di sé come individuo unico. L'autostima è importante per molte ragioni. In primo luogo, l'autostima positiva favorisce un senso di sicurezza e fiducia in se stessi, permettendo di affrontare le sfide e le difficoltà della vita in modo più resiliente. Un'adeguata autostima aiuta anche a sviluppare relazioni più sane e soddisfacenti con gli altri, poiché si è in grado di stabilire confini sani e di esprimere i propri bisogni e desideri in modo assertivo.

L'autostima influisce anche sulla felicità e sul successo personale. Quando si ha una sana autostima, si è più inclini a perseguire obiettivi realistici e ad affrontare le sfide con determinazione. L'autostima positiva permette di superare le paure e gli ostacoli che potrebbero altrimenti impedire di realizzare il proprio potenziale. Inoltre, l'autostima è collegata alla capacità di provare soddisfazione e gratificazione dalle proprie realizzazioni, promuovendo un senso di realizzazione e contentezza.

D'altra parte, una bassa autostima può portare a sentimenti di insicurezza, indegnità e auto-critica costante. Le persone con una bassa autostima possono sperimentare una mancanza di fiducia nelle proprie capacità, un senso di inferiorità e una paura di fallire. Questi sentimenti limitanti possono impedire di perseguire i propri sogni e di godere delle esperienze positive nella vita. Inoltre, una bassa autostima può influenzare negativamente le relazioni interpersonali, poiché si può diventare dipendenti dall'approvazione e dal giudizio degli altri.

Per sviluppare e mantenere un'autostima sana, è importante fare attenzione all'atteggiamento verso se stessi. Ci sono diverse strategie che possono aiutare a coltivare l'autostima positiva. Queste includono:

1. Accettazione di sé: Accetta te stesso per chi sei, con i tuoi pregi e difetti. Riconosci le tue qualità uniche e abbraccia la tua autenticità.

2. Auto-comprensione: Fai un percorso di auto-esplorazione per capire meglio le tue emozioni, i tuoi bisogni e i tuoi valori.

Sviluppa una maggiore consapevolezza di te stesso e delle tue reazioni.

3. Auto-cura: Prenditi cura del tuo corpo, della tua mente e del tuo spirito. Fai scelte che ti nutrano e ti facciano sentire bene, sia a livello fisico che emotivo.

4. Celebra i successi: Riconosci e celebra i tuoi successi, anche quelli più piccoli. Prenditi il tempo per riflettere su ciò che hai raggiunto e apprezzare il tuo progresso.

5. Evita il confronto sociale: Smetti di confrontarti con gli altri e concentrati su te stesso. Ognuno ha il proprio percorso e le proprie sfide. Concentrati sui tuoi obiettivi e sul tuo benessere personale.

6. Cerca supporto: Cerca il sostegno di persone che ti valorizzano e ti sostengono. Surroundati di individui positivi e di un ambiente che favorisca la crescita e l'autostima.

L'autostima sana è un elemento chiave per il benessere emotivo e la felicità complessiva.

Investire nella tua autostima e nella tua relazione con te stesso può avere un impatto significativo sulla tua vita, consentendoti di vivere in modo più autentico, felice e soddisfacente.

L'autostima è un tratto psicologico che si sviluppa e si modella nel corso della vita di una persona. Le origini dell'autostima possono essere attribuite a diverse influenze, comprese le esperienze di vita, l'ambiente sociale e culturale, e le credenze individuali. Vediamo in dettaglio come queste influenze possono contribuire alla formazione dell'autostima:

1. Esperienze di vita: Le esperienze vissute nella prima infanzia e durante l'intero percorso di crescita possono influenzare notevolmente l'autostima di una persona. Ad esempio, l'attenzione, l'amore e il sostegno ricevuti dai genitori e dagli altri caregiver possono contribuire a sviluppare un senso di valore personale e fiducia in se stessi. Al contrario, l'abuso, la negligenza o

l'assenza di supporto possono danneggiare l'autostima di una persona e generare sentimenti di insicurezza e indegnità.

2. Ambiente sociale e culturale: L'ambiente sociale in cui una persona cresce può avere un impatto significativo sull'autostima. I messaggi e le aspettative sociali possono influenzare la percezione di sé e la fiducia in se stessi. Ad esempio, un ambiente che promuove la competizione, la critica e l'insoddisfazione può minare l'autostima, mentre un ambiente che incoraggia l'accettazione, l'apprezzamento e il supporto può favorire una sana autostima. Inoltre, le norme culturali e le aspettative possono influenzare la percezione di sé e l'autostima in modi specifici a seconda delle credenze e dei valori prevalenti nella cultura di appartenenza.

3. Credenze individuali: Le credenze individuali riguardo a sé stessi e al proprio valore personale giocano un ruolo fondamentale nell'autostima. Le credenze

possono essere influenzate da fattori come l'educazione, le esperienze di vita, il condizionamento sociale e le influenze culturali. Ad esempio, una persona che ha interiorizzato credenze di inadeguatezza o di scarsa autostima fin dall'infanzia potrebbe avere una valutazione di sé negativa, anche in assenza di prove concrete. D'altra parte, una persona che ha sviluppato credenze positive e sostenitive su di sé può avere un'autostima più salda e positiva.

È importante sottolineare che l'autostima non è una caratteristica fissa o immutabile, ma può essere modellata e migliorata nel corso della vita. Le esperienze, l'ambiente e le credenze possono influenzare l'autostima, ma è possibile lavorare su di essa e sviluppare una maggiore consapevolezza di sé, un'autostima più sana e un senso di valore personale.

Alcuni suggerimenti per promuovere un'autostima positiva includono:

- Sviluppare una consapevolezza di sé: Rifletti sulle tue qualità, punti di forza e valori personali. Acquisisci una maggiore consapevolezza delle tue esperienze e dei tuoi modelli di pensiero.

- Affrontare le convinzioni limitanti: Identifica e sfida le credenze negative che possono influenzare la tua autostima. Sostituisci queste convinzioni limitanti con pensieri più positivi e realistici.

- Costruire relazioni positive: Cerca relazioni sane e positive che ti supportino e ti valorizzino. Cerca il sostegno di amici, familiari o professionisti qualificati, se necessario.

- Focalizzati sul progresso: Riconosci i tuoi successi, anche quelli più piccoli, e celebra i tuoi progressi personali. Concentrati sulle tue capacità e sulle tue realizzazioni anziché focalizzarti sugli errori o sulle imperfezioni.

In conclusione, l'autostima si sviluppa attraverso un complesso intreccio di esperienze, ambiente e credenze individuali. Comprendere queste influenze può aiutare a sviluppare una maggiore consapevolezza di sé e a lavorare verso un'autostima più sana e positiva. Il percorso verso una sana autostima richiede tempo, impegno e auto-compassione, ma può portare a una maggiore felicità, fiducia e soddisfazione personale.

La bassa autostima invece è caratterizzata da una valutazione negativa di sé stessi, una mancanza di fiducia nelle proprie capacità e un senso generale di insicurezza. Riconoscere i segnali e i comportamenti associati a una bassa autostima è un passo importante per comprendere il proprio stato emotivo e lavorare verso un'autostima più sana. Ecco alcuni segnali comuni e comportamenti associati a una bassa autostima:

1. Auto-critica costante: Le persone con bassa autostima tendono ad auto-criticarsi in

modo eccessivo. Sono molto severe con se stesse e si concentrano sulle proprie imperfezioni, trascurando di riconoscere i loro pregi e le loro realizzazioni.

2. Paura del giudizio degli altri: Le persone con bassa autostima spesso si preoccupano eccessivamente di ciò che gli altri pensano di loro. Sono ansiose riguardo al giudizio altrui e possono evitare situazioni in cui si sentono esposte o valutate.

3. Compararsi agli altri: Le persone con bassa autostima tendono a confrontarsi costantemente con gli altri, mettendo in risalto i propri difetti e sminuendo le proprie capacità. Questo può portare a una sensazione di inferiorità e di inadeguatezza.

4. Difficoltà nel prendere decisioni: La bassa autostima può indebolire la fiducia nelle proprie capacità decisionali. Le persone con bassa autostima possono sentirsi insicure riguardo alle loro scelte e possono cercare approvazione e conferma dagli altri prima di prendere una decisione.

5. Tendenza all'autosabotaggio: Le persone con bassa autostima possono tendere a sabotare i propri successi. Hanno paura di fallire e possono auto-sabotarsi per evitare di affrontare la possibilità di un insuccesso.

6. Poca fiducia nelle relazioni interpersonali: La bassa autostima può influenzare negativamente le relazioni interpersonali. Le persone con bassa autostima possono avere difficoltà a fidarsi degli altri, a stabilire confini sani e a esprimere i propri bisogni e desideri.

7. Poca motivazione e iniziativa: Le persone con bassa autostima possono sperimentare una mancanza di motivazione e di fiducia nelle proprie capacità. Possono essere riluttanti a prendere iniziative o a perseguire obiettivi personali.

È importante riconoscere questi segnali e comportamenti per poter affrontare e lavorare sulla bassa autostima. L'autostima può essere sviluppata e migliorata attraverso il lavoro sulla consapevolezza di sé, l'auto-comprensione, l'accettazione di sé e la sostituzione delle convinzioni limitanti con pensieri più positivi e realistici.

È consigliabile cercare il sostegno di professionisti qualificati, come psicologi o counselor, per affrontare in modo più efficace la bassa autostima. Questi professionisti possono fornire strumenti e strategie per aumentare l'autostima e sviluppare una visione più positiva di sé stessi. Inoltre, la pratica di tecniche di auto-compassione e l'adozione di uno stile di vita sano e bilanciato possono contribuire a migliorare l'autostima e promuovere il benessere emotivo complessivo. Ricorda che l'autostima positiva è un processo che richiede tempo, impegno e cura di sé, ma può portare a una maggiore fiducia in se stessi e a una vita più soddisfacente.

L'autostima è un aspetto cruciale del benessere emotivo e personale. Sebbene l'autostima possa essere influenzata da molteplici fattori, ci sono diverse tecniche e strategie che possono aiutare a migliorarla. Di seguito sono presentate alcune tecniche efficaci per potenziare l'autostima:

1. Affermazioni positive: Le affermazioni positive sono dichiarazioni che si fanno a se stessi per promuovere un'autostima sana. Queste dichiarazioni dovrebbero essere focalizzate sulle tue qualità positive, sulla fiducia nelle tue capacità e sulla tua autostima. Ad esempio, puoi ripetere frasi come "Sono degno di amore e rispetto", "Sono capace di superare le sfide" o "Merito il successo e la felicità".

2. Riflessione sui successi passati: Prenditi il tempo per riflettere sui successi passati e sulle sfide che hai superato. Riconoscere i tuoi successi, anche quelli apparentemente piccoli, può aumentare la fiducia in te stesso e rafforzare l'autostima. Ricorda le volte in cui hai raggiunto i tuoi obiettivi, hai superato delle difficoltà o hai ottenuto risultati significativi. Questo esercizio può

aiutarti a realizzare che sei capace di affrontare le sfide e che hai un bagaglio di successi alle spalle.

3. Evita la comparazione sociale: Evita di confrontarti con gli altri. Concentrati sui tuoi progressi personali anziché sulle realizzazioni altrui. Ognuno ha un percorso unico e confrontarsi con gli altri può minare la fiducia in se stessi. Concentrati sui tuoi obiettivi personali e sulla tua crescita individuale.

4. Sfida le convinzioni limitanti: Esamina le convinzioni negative che hai su te stesso e sfidale in modo consapevole. Sostituisci pensieri limitanti con pensieri più positivi e realistici. Ad esempio, se pensi di non essere all'altezza di un compito, prova a riflettere sulle volte in cui hai dimostrato competenza in situazioni simili o sugli sforzi che stai facendo per migliorare. Riconosci che le convinzioni negative non sono necessariamente vere e che puoi cambiare il tuo modo di pensare.

Lavorare sull'autostima richiede tempo, impegno e pazienza. Utilizza queste tecniche come strumenti per migliorare gradualmente la tua autostima e promuovere un'autostima più sana e positiva.

Mantenere l'Autostima nel Tempo: Suggerimenti su come mantenere un sano livello di autostima nel tempo, affrontare le sfide e i cambiamenti che possono minare l'autostima e utilizzare l'autostima come un punto di forza per la felicità continua.

L'autostima è un aspetto dinamico e in continua evoluzione della nostra vita. È importante dedicare costantemente attenzione e cura alla nostra autostima per mantenerla sana e positiva nel tempo. Ecco alcuni suggerimenti su come mantenere un livello sano di autostima e far fronte alle sfide che possono minarla:

1. Sfida le convinzioni negative: Identifica e sfida le convinzioni negative che possono minare la tua autostima. Spesso le nostre convinzioni limitanti sono basate su percezioni distorte di noi stessi. Prendi il

tempo per riflettere sulle evidenze a sostegno di queste convinzioni e cerca di riconoscere i tuoi successi e le tue qualità positive. Sostituisci le convinzioni negative con affermazioni positive e realiste.

2. Sii consapevole delle tue emozioni: Mantieni una consapevolezza delle tue emozioni e dei modi in cui influenzano la tua autostima. Riconosci quando le emozioni negative come la paura, l'ansia o la tristezza possono influenzare la tua valutazione di te stesso. Lavora sulla gestione delle emozioni e utilizza strategie per affrontarle in modo sano e costruttivo.

3. Coltiva relazioni positive: Cerca il sostegno di persone che ti valorizzano e ti incoraggiano. Circondarti di individui positivi e di un ambiente di supporto può aiutarti a mantenere un sano livello di autostima. Evita le relazioni tossiche o dannose che possono minare la tua autostima e cerca amicizie e relazioni che ti sostengano e ti ispirino.

Mantenere un sano livello di autostima richiede impegno e pratica costante. Sii paziente con te stesso mentre lavori su di te e cerca il supporto di professionisti qualificati se necessario. Ricorda che l'autostima è un'abilità che può essere sviluppata e potenziata nel tempo, e può diventare un punto di forza che ti guida verso una felicità continua.

CAPITOLO 7: "IL VENTO DELLA GRATITUDINE: L'EFFETTO TRANSFORMATIVO DELLA RICONOSCENZA"

Cos'è la Gratitudine: Un'introduzione alla gratitudine, alla sua importanza e ai benefici psicologici della sua pratica.

La gratitudine è un sentimento profondo di apprezzamento e riconoscimento per le cose positive che accadono nella nostra vita. È una qualità umana universale che può essere coltivata e praticata consapevolmente. Essa implica l'essere consapevoli delle benedizioni, delle persone, delle esperienze e delle cose che arricchiscono la nostra vita.

La gratitudine è un atteggiamento mentale che ci aiuta a concentrarci su ciò che abbiamo, anziché focalizzarci sulle mancanze o sulle difficoltà. Quando siamo grati, riconosciamo i doni e le opportunità che ci sono offerti quotidianamente, anche nelle situazioni più semplici e apparentemente insignificanti. Essa ci invita a mettere in luce i lati positivi della nostra vita e ad accogliere una prospettiva di abbondanza.

La pratica della gratitudine è stata oggetto di numerosi studi scientifici, che hanno evidenziato i benefici psicologici che può apportare. Ecco alcuni dei principali vantaggi della pratica della gratitudine:

1. Migliora il benessere emotivo: La gratitudine è strettamente correlata a livelli più alti di felicità e soddisfazione nella vita. Essa promuove un atteggiamento positivo e un senso di appagamento, aumentando le emozioni positive e riducendo lo stress e la negatività.

2. Favorisce la resilienza: La gratitudine può svolgere un ruolo importante nella promozione della resilienza mentale. Essa aiuta a sviluppare la capacità di affrontare le difficoltà con maggiore ottimismo, fiducia

e speranza. La pratica della gratitudine può rafforzare la nostra capacità di adattamento e di superamento delle sfide.

3. Migliora le relazioni interpersonali: Essere grati e mostrare gratitudine verso gli altri rafforza i legami sociali e le relazioni interpersonali. La gratitudine crea un clima positivo di apprezzamento reciproco e di reciproca valorizzazione, aumentando la connessione e la vicinanza con gli altri.

4. Promuove la salute mentale: La pratica della gratitudine è associata a un migliore benessere mentale. Essa può ridurre i sintomi di ansia e depressione, migliorare l'autostima e favorire la crescita personale. Essere grati ci aiuta a sviluppare una prospettiva più equilibrata e ottimistica sulla vita.

5. Favorisce la generosità e l'altruismo: La gratitudine può ispirare un senso di generosità e di volontà di condividere con gli altri. Quando siamo grati per ciò che riceviamo, siamo più propensi a estendere

gentilezza, comprensione e sostegno agli altri.

Per praticare la gratitudine, possiamo adottare diverse strategie. Una pratica comune è tenere un diario della gratitudine, in cui annotiamo quotidianamente le cose per cui siamo grati. Possiamo anche esprimere verbalmente o per iscritto la nostra gratitudine verso le persone che ci circondano. Altri modi per coltivare la gratitudine includono la riflessione sulle sfide che abbiamo superato, l'apprezzamento della bellezza della natura e la consapevolezza dei momenti speciali della vita.

La gratitudine è un potente strumento per favorire il benessere psicologico e promuovere un senso di apprezzamento e gioia nella vita quotidiana. Coltivarla richiede pratica costante e consapevolezza, ma può apportare benefici significativi per la nostra salute mentale e il nostro benessere emotivo.

Gratitudine e Felicità: Discussione su come la gratitudine può aumentare la felicità, migliorare le relazioni e promuovere una visione positiva della vita.

La gratitudine è strettamente legata alla felicità. Quando siamo grati per ciò che abbiamo, sviluppiamo una prospettiva positiva della vita e un profondo senso di apprezzamento per le nostre benedizioni. La pratica della gratitudine ci aiuta ad abbracciare il momento presente e a concentrarci sui lati positivi della nostra esperienza, aumentando la nostra felicità complessiva. Ecco alcuni modi in cui la gratitudine può contribuire ad aumentare la felicità:

1. Cambia la prospettiva: La gratitudine ci aiuta a spostare l'attenzione dai problemi e dai desideri insoddisfatti verso ciò che abbiamo. Ci incoraggia a vedere il bicchiere mezzo pieno anziché mezzo vuoto e a concentrarci sulle cose positive nella nostra vita. Questo cambio di prospettiva ci permette di apprezzare di più le piccole

gioie quotidiane e di sperimentare una maggiore felicità complessiva.

2. Favorisce l'ottimismo: La gratitudine alimenta un atteggiamento ottimistico verso la vita. Quando siamo grati, tendiamo a vedere le situazioni difficili come opportunità di crescita e di apprendimento anziché come ostacoli insormontabili. Questo ottimismo ci aiuta a gestire meglio lo stress e le sfide, favorendo una maggiore felicità e resilienza emotiva.

3. Fornisce un punto di ancoraggio: La pratica della gratitudine ci offre un punto di ancoraggio nella vita quotidiana. Anche di fronte alle sfide e agli ostacoli, la gratitudine ci ricorda ciò che è importante e significativo per noi. Ci aiuta a riconoscere che non tutto è negativo e ci sostiene nel mantenere una visione positiva della vita, anche quando le cose diventano difficili.

Coltivare la gratitudine richiede pratica costante e consapevolezza. Possiamo coltivare la gratitudine attraverso la tenuta di un diario della gratitudine, l'espressione verbale o scritta di apprezzamento verso gli altri, la riflessione sui momenti gioiosi e significativi della vita, e l'adozione di una mentalità di apprezzamento per le piccole cose. La gratitudine non solo aumenta la felicità individuale, ma contribuisce anche a creare una società più amorevole, empatica e positiva nel suo complesso.

Nonostante i numerosi benefici della pratica della gratitudine, ci possono essere alcune barriere che ostacolano il suo pieno sviluppo e la sua integrazione nella vita quotidiana. Riconoscere queste barriere e imparare a superarle è fondamentale per sperimentare appieno i benefici della gratitudine. Ecco alcune delle barriere più comuni alla gratitudine e suggerimenti su come superarle:

1. Atteggiamento di "prendere per scontato": Una delle principali barriere alla gratitudine è l'atteggiamento di "prendere per scontato". Spesso, ci abituiamo a ciò che abbiamo e smettiamo di apprezzare le cose

che consideriamo normali nella nostra vita. Per superare questa barriera, è importante prendere consapevolezza del fatto che nulla è garantito e coltivare la consapevolezza dell'apprezzamento per le cose piccole e grandi che ci circondano. Prenditi il tempo per riflettere su ciò che hai e cerca di vedere le cose con occhi nuovi.

2. Negatività cronica: La negatività cronica è un'altra barriera alla gratitudine. Quando siamo costantemente concentrati sulle cose negative o sulle difficoltà, diventa difficile riconoscere le cose positive che ci circondano. Una strategia utile per superare questa barriera è quella di adottare un approccio di consapevolezza e di cambiamento del pensiero. Cerca di identificare e sfidare i tuoi pensieri negativi, concentrandoti invece su aspetti positivi della tua vita. Pratica la gratitudine, facendo un inventario quotidiano delle cose per cui sei grato.

3. Confronto sociale: Il confronto sociale può essere un'ulteriore barriera alla gratitudine. Spesso, ci confrontiamo con gli altri e ci focalizziamo su ciò che non abbiamo o su ciò che gli altri sembrano avere di più. Questo confronto può alimentare la sensazione di inadeguatezza e di mancanza, impedendoci di apprezzare ciò che abbiamo. Per superare questa barriera, è importante ricordare che ogni individuo ha un percorso unico nella vita. Concentrati sui tuoi progressi personali e sulle tue benedizioni individuali. Sforzati di apprezzare ciò che hai senza paragonarti agli altri.

4. Mancanza di consapevolezza: La mancanza di consapevolezza può essere un'altra barriera alla gratitudine. Spesso siamo così immersi nella nostra routine quotidiana che diventa difficile notare le cose per cui dovremmo essere grati. Per superare questa barriera, pratica la consapevolezza del momento presente. Fai pause durante la giornata per notare e apprezzare le

piccole cose, come il calore del sole, il profumo dei fiori o un sorriso gentile di qualcuno. Rendi la gratitudine un elemento attivo nella tua vita quotidiana.

5. Resistenza al cambiamento: La resistenza al cambiamento può impedirci di abbracciare la pratica della gratitudine. A volte siamo attaccati alle nostre vecchie abitudini o credenze, e ciò può ostacolare l'introduzione di nuove pratiche nella nostra vita. Per superare questa barriera, inizia con piccoli passi. Scegli una semplice pratica di gratitudine che ti risuona e incorporala gradualmente nella tua vita. Osserva come ti senti dopo averla praticata e come influisce sulla tua felicità e sul tuo benessere. Lasciati aperto al cambiamento e sperimenta diversi approcci alla gratitudine.

Superare queste barriere richiede tempo, impegno e pazienza. Tuttavia, il superamento di queste barriere può apportare enormi benefici alla tua vita e migliorare il tuo benessere emotivo complessivo.

La gratitudine è una pratica che può essere coltivata attraverso vari esercizi e tecniche. Questi esercizi ci aiutano a sviluppare un atteggiamento di apprezzamento e a integrare la gratitudine nella nostra vita quotidiana. Ecco alcuni esercizi di gratitudine che puoi provare:

1. Diario di Gratitudine: Tenere un diario di gratitudine è un modo efficace per registrare le cose per cui sei grato ogni giorno. Dedica qualche minuto ogni sera a scrivere almeno tre cose per cui sei grato. Puoi concentrarti su eventi, persone, qualità personali o semplicemente sui momenti piacevoli della tua giornata. Ricorda di essere specifico e dettagliato nel tuo diario, in modo da immergerti completamente nel senso di gratitudine.

2. Giro di Gratitudine Quotidiano: Ogni giorno, fai un "giro di gratitudine" in cui esprimi la

tua gratitudine ad almeno una persona. Puoi farlo verbalmente o per iscritto, inviando un messaggio di ringraziamento, una nota di apprezzamento o semplicemente dicendo "grazie" a qualcuno per ciò che ha fatto per te. Questo esercizio non solo ti aiuta a coltivare la gratitudine, ma rafforza anche le relazioni interpersonali e promuove un clima di positività e apprezzamento reciproco.

3. Meditazione sulla Gratitudine: La meditazione sulla gratitudine è un modo potente per coltivare l'atteggiamento di apprezzamento. Siediti in un luogo tranquillo, chiudi gli occhi e focalizza la tua attenzione sul respiro. Respira profondamente, concentrandoti sulle sensazioni del respiro che entra ed esce dal tuo corpo. Poi, inizia a riflettere su ciò per cui sei grato. Puoi ripetere mentalmente frasi come "Sono grato per..." o "Apprezzo..." mentre visualizzi le persone, le esperienze o le cose per cui sei grato. Senti il senso di gratitudine che si diffonde

nel tuo cuore e nella tua mente durante la meditazione.

4. Pratica della Gratitudine durante le Attività Quotidiane: Fai uno sforzo consapevole per praticare la gratitudine durante le attività quotidiane. Ad esempio, mentre ti lavi i denti, rifletti su ciò per cui sei grato riguardo alla tua salute dentale. Durante un pasto, prenditi un momento per apprezzare i sapori e le texture del cibo. Mentre ti immergi in una doccia calda, prova la gratitudine per l'acqua calda che ti avvolge. Questa pratica ti aiuta a connetterti con il momento presente e a riconoscere le piccole benedizioni che spesso passano inosservate.

Sperimenta questi esercizi di gratitudine e trova quelli che risuonano meglio con te. Con il tempo, noterai un cambiamento nel tuo atteggiamento mentale e un aumento della felicità e del benessere generale.

CAPITOLO 8: "ISOLE DI PACE: CREARE SPAZI PERSONALIZZATI DI FELICITÀ"

Importanza degli Spazi Personalizzati: Discussione su come l'ambiente circostante può influenzare il nostro stato d'animo e il nostro benessere generale, evidenziando l'importanza di creare spazi che promuovono la felicità.

L'ambiente in cui viviamo e lavoriamo ha un impatto significativo sul nostro benessere emotivo e sul nostro stato d'animo. Gli spazi che creiamo e abitiamo possono influenzare la nostra felicità, la nostra produttività e la nostra salute mentale. Ecco perché è importante dedicare attenzione e cura alla creazione di spazi personalizzati che riflettano la nostra individualità e promuovano il benessere.

1. Riflesso del nostro stile di vita: Gli spazi personalizzati sono un riflesso del nostro stile di vita, dei nostri interessi e delle

nostre passioni. Quando creiamo uno spazio che rispecchia chi siamo e ciò che amiamo, ci sentiamo più autentici e connessi con noi stessi. Ad esempio, se amiamo l'arte, possiamo decorare le pareti con opere che ci ispirano. Se ci piace la natura, possiamo introdurre piante ed elementi naturali nella nostra casa. Personalizzare il nostro spazio ci aiuta a sentirlo come una vera estensione di noi stessi.

2. Promozione del benessere emotivo: Gli spazi personalizzati possono contribuire al nostro benessere emotivo. Colori, texture, luci e profumi possono influenzare il nostro stato d'animo e creare un'atmosfera rilassante e positiva. Ad esempio, colori caldi come il giallo o l'arancione possono creare un senso di calore e felicità, mentre i toni più freddi come il blu o il verde possono promuovere la tranquillità e la serenità. Scegliere attentamente gli elementi decorativi e l'illuminazione può favorire uno

spazio che ci fa sentire a nostro agio e che alimenta la nostra felicità.

3. Fornitura di comfort e relax: Gli spazi personalizzati ci offrono un rifugio dallo stress e dalle tensioni quotidiane. Creare uno spazio confortevole e rilassante ci permette di ricaricare le energie e trovare serenità. Ad esempio, un angolo dedicato al relax con un comodo divano, cuscini morbidi e una coperta accogliente può diventare il luogo ideale per leggere un libro o dedicarsi ad attività che ci piacciono. Creare un'atmosfera accogliente e confortevole ci aiuta a ritagliare momenti di riposo e rigenerazione nella nostra vita quotidiana.

4. Stimolazione della creatività: Gli spazi personalizzati possono stimolare la nostra creatività e ispirazione. Quando creiamo uno spazio che rispecchia i nostri interessi e passioni, ci troviamo in un ambiente che favorisce la nostra espressione creativa. Ad esempio, un angolo dedicato all'arte o al

lavoro manuale con i materiali che amiamo può diventare uno spazio in cui ci sentiamo liberi di esprimere la nostra creatività. Un ambiente stimolante ci aiuta a sviluppare nuove idee, a esplorare nuove passioni e a nutrire il nostro spirito creativo.

5. Connettività con gli altri: Gli spazi personalizzati possono anche facilitare la connettività con gli altri. Creare un ambiente ospitale e accogliente rende più invitanti le visite e le interazioni con amici e familiari. Un ambiente che rispecchia la nostra personalità e i nostri valori invita le persone a condividere esperienze positive con noi. Potrebbe essere una sala da pranzo accogliente in cui condividere pasti con gli amici o una sala hobby in cui organizzare attività condivise. Uno spazio personalizzato che promuove la connettività può alimentare relazioni significative e contribuire alla nostra felicità.

Creare spazi personalizzati richiede un impegno e una cura costante. È un processo di esplorazione e scoperta che ci permette di connetterci con noi stessi e con il mondo che ci circonda. Investire tempo ed energia nella creazione di spazi che rispecchiano la nostra individualità ci aiuta a vivere una vita più autentica, appagante e felice.

Caratteristiche di uno Spazio di Felicità: Identificazione delle caratteristiche comuni degli spazi che promuovono la felicità, come la tranquillità, l'ordine, la luce naturale e gli elementi che risvegliano i sensi.

Gli spazi che ci circondano hanno un impatto significativo sul nostro stato d'animo e sulla nostra felicità. Alcune caratteristiche comuni degli spazi che promuovono la felicità includono:

1. Tranquillità: Uno spazio di felicità è caratterizzato da una sensazione di tranquillità. È un ambiente in cui ci si sente calmi, rilassati e al sicuro. Questo può essere ottenuto attraverso una disposizione

degli arredi che favorisce la circolazione e il flusso energetico positivo, o attraverso l'utilizzo di colori rilassanti come il blu o il verde.

2. Ordine e pulizia: La pulizia e l'ordine contribuiscono alla creazione di uno spazio armonioso e piacevole. Un ambiente disordinato e sporco può generare stress e disagio, mentre uno spazio organizzato e pulito favorisce la serenità e il benessere. Mantenere uno spazio ordinato può anche aiutare a mantenere la mente chiara e concentrata.

3. Luce naturale: La presenza di luce naturale è un elemento importante per promuovere la felicità negli spazi. La luce del sole ha un impatto positivo sul nostro umore e sul nostro benessere generale. Aprire le finestre per far entrare la luce naturale, utilizzare tende leggere che permettono il passaggio della luce o posizionare gli ambienti in modo che ricevano una buona

illuminazione naturale possono favorire una sensazione di benessere e vitalità.

4. Elementi che risvegliano i sensi: Uno spazio di felicità può includere elementi che stimolano i sensi, come piante, fiori, profumi o suoni rilassanti. Ad esempio, le piante e i fiori aggiungono colore e vita allo spazio, migliorando l'umore e purificando l'aria. I profumi rilassanti, come l'aromaterapia, possono aiutare a creare un'atmosfera tranquilla e serena. Anche i suoni, come una musica dolce o il suono di una fontana, possono contribuire a creare un'atmosfera piacevole e rilassante.

5. Spazio per l'espressione personale: Uno spazio di felicità offre la possibilità di esprimere la propria individualità e creatività. Questo può essere fatto attraverso l'uso di oggetti personali, opere d'arte o oggetti artigianali che riflettono i nostri gusti e le nostre passioni. Sentirsi liberi di esprimere se stessi nello spazio che

ci circonda contribuisce a un senso di autenticità e gioia.

6. Connessione con la natura: La presenza di elementi naturali, come legno, pietra o acqua, può creare un senso di armonia e connessione con la natura. Questi elementi possono essere incorporati attraverso l'uso di materiali naturali nella decorazione, l'introduzione di un'area verde o la creazione di uno spazio esterno accogliente. La connessione con la natura è nota per migliorare l'umore e il benessere psicologico.

7. Flessibilità e adattabilità: Uno spazio di felicità è flessibile e adattabile alle esigenze e ai gusti personali. È un ambiente che può essere modificato o personalizzato in base alle diverse attività o stati d'animo. La flessibilità permette di creare uno spazio che si adatta ai cambiamenti e alle esigenze individuali nel corso del tempo.

Creare uno spazio di felicità richiede attenzione e cura, ma i benefici che ne derivano sono innumerevoli. Un ambiente che promuove la tranquillità, l'ordine, la luce naturale e stimola i sensi contribuisce al nostro benessere e alla nostra felicità. Scegliere consapevolmente le caratteristiche e gli elementi che desideriamo incorporare nei nostri spazi ci permette di creare un ambiente che riflette la nostra personalità e ci sostiene nel nostro percorso verso la felicità.

Creare uno Spazio Fisico di Felicità: Guida passo passo per creare un ambiente fisico che promuova la felicità, dalle modifiche all'arredamento di casa alla scelta di un luogo speciale nella natura.

Il nostro ambiente fisico ha un impatto significativo sulla nostra felicità e sul nostro benessere generale. Creare uno spazio che promuove la felicità richiede un approccio consapevole e una serie di passi che possono aiutarci a trasformare il nostro ambiente in un luogo che ci ispira, rilassa e nutre. Ecco una guida passo passo per creare uno spazio fisico di felicità:

1. Rifletti sulle tue preferenze: Inizia riflettendo sulle tue preferenze personali e sui tuoi gusti. Cosa ti fa sentire felice? Quali sono le tue passioni e i tuoi interessi? Queste riflessioni ti aiuteranno a identificare gli elementi che desideri incorporare nello spazio. Potresti amare i colori vivaci, gli elementi naturali come il legno o la presenza di opere d'arte che ti ispirano. Le tue preferenze guideranno le scelte che farai nel processo di creazione dello spazio.

2. Modifica l'arredamento della tua casa: Valuta l'arredamento attuale della tua casa e considera se ci sono modifiche che puoi apportare per renderlo più in linea con la tua visione di uno spazio felice. Potresti aggiungere elementi decorativi che ti fanno sorridere, come cuscini colorati, quadri o oggetti che rappresentano le tue passioni.

Scegli materiali e tessuti che ti trasmettono una sensazione di comfort e benessere.

3. Organizza e decluttera: Dedica del tempo a organizzare e declutterare gli spazi, liberandoli da oggetti superflui o poco utilizzati. Mantieni solo gli oggetti che ti portano gioia o che hanno un valore significativo per te. Organizza gli spazi in modo funzionale, in modo da favorire una circolazione fluida e uno stato di calma.

4. Crea un angolo di relax: Dedica uno spazio della tua casa ad un angolo di relax, dove puoi ritirarti per rilassarti e ricaricare le energie. Può essere una poltrona comoda in un angolo tranquillo, un'amaca in giardino o uno spazio dedicato alla meditazione e alla pratica dello yoga. Personalizza questo spazio con elementi che ti aiutano a trovare serenità, come candele profumate, piante verdi o oggetti che ti ricordano momenti felici.

5. Scegli un luogo speciale nella natura: Oltre al tuo spazio interno, cerca un luogo

speciale nella natura che ti ispiri e ti faccia sentire felice. Potrebbe essere un parco, una spiaggia, una montagna o un giardino pubblico. Trascorri del tempo in questo luogo, immergendoti nella bellezza e nella tranquillità che offre. Utilizza questo spazio per pratiche di meditazione, esercizio fisico o semplicemente per connetterti con la natura.

6. Personalizza il tuo spazio con oggetti significativi: Infine, personalizza il tuo spazio con oggetti che hanno un significato speciale per te. Potrebbero essere fotografie di momenti felici, oggetti di viaggio che ricordano esperienze memorabili o oggetti artigianali realizzati da persone care. Questi oggetti evocano ricordi positivi e creano una connessione emotiva con lo spazio.

Creare uno spazio fisico di felicità richiede un processo di esplorazione personale e cura attenta. Scegliendo elementi che rispecchiano le tue preferenze, organizzando e declutterando gli spazi, creando angoli di relax e sfruttando la luce naturale, puoi trasformare il tuo ambiente in un rifugio di felicità. Ricorda che lo spazio fisico è un'estensione di te stesso, quindi dedicagli tempo e attenzione per creare un ambiente che ti ispiri, rilassi e ti faccia sentire in armonia con te stesso e con il mondo che ti circonda.

La felicità non è solo legata al nostro ambiente fisico, ma anche al nostro spazio mentale. La nostra mente è un luogo potente e creare uno spazio mentale di felicità richiede attenzione e pratica. Ecco alcuni consigli su come creare uno spazio mentale di pace e felicità:

1. Visualizza la felicità: La visualizzazione è un'abilità che ci consente di creare immagini mentali positive e potenti. Dedica del tempo ogni giorno per visualizzare la tua felicità ideale. Immagina te stesso in situazioni di gioia, amore e realizzazione. Visualizza tutti i dettagli sensoriali, come i suoni, i colori e le sensazioni fisiche

associate a queste esperienze. La visualizzazione aiuta a programmare la mente per attrarre esperienze positive nella realtà.

2. Elimina le distrazioni mentali: Creare uno spazio mentale di felicità richiede anche l'eliminazione delle distrazioni mentali che ci impediscono di sperimentare la pace e la serenità. Identifica le preoccupazioni, le ansie e i pensieri negativi che occupano la tua mente e cerca di lasciarli andare.

3. Sii presente nel momento: La felicità risiede nel presente, quindi cerca di essere presente nel momento presente. Focalizzati sulle attività che stai svolgendo, sia che si tratti di una passeggiata nella natura, di un pasto o di una conversazione con una persona cara. Prenditi il tempo per goderti le piccole cose e sii consapevole del momento presente.

4. Nutri la tua mente con letture ed esperienze positive: Leggere libri ispiratori, ascoltare podcast motivazionali o partecipare a

eventi che promuovono la crescita personale possono aiutarti a creare uno spazio mentale di felicità. Nutri la tua mente con contenuti che ti ispirano, ti motivano e ti riempiono di positività.

Creare uno spazio mentale di felicità richiede tempo, impegno e pratica costante. Lavora su te stesso giorno dopo giorno per coltivare uno stato mentale che favorisca la felicità continua.

Mantenere le Isole di Pace: Suggerimenti su come mantenere e curare questi spazi di felicità nel tempo, affrontando le sfide come lo stress, i cambiamenti della vita e l'inevitabile disordine.

Le "isole di pace" che creiamo nel nostro ambiente fisico e mentale sono preziose oasi di felicità. Tuttavia, mantenere e curare questi spazi nel tempo richiede impegno e consapevolezza. Ecco alcuni suggerimenti su come farlo:

1. Priorità e impegno: Metti la cura delle tue "isole di pace" al primo posto tra le tue priorità. Riconosci l'importanza di queste aree per il tuo benessere e dedica tempo e impegno a mantenerle. Programma attivamente momenti per prenderti cura di te stesso e dei tuoi spazi di felicità.

2. Adattamento al cambiamento: La vita è piena di cambiamenti e adattarsi a questi cambiamenti è fondamentale per mantenere i nostri spazi di felicità. Sii flessibile e aperto al cambiamento, trovando modi per adattare e rinnovare i tuoi spazi per soddisfare le nuove esigenze. Può richiedere una riorganizzazione o una riconfigurazione delle tue "isole di pace" per adattarsi alle nuove circostanze.

3. Cura costante: Come ogni cosa nella vita, le "isole di pace" richiedono cura costante. Mantieni l'ordine e la pulizia del tuo ambiente fisico, ripara eventuali danni o rotture e rinfresca periodicamente la tua decorazione.

4. Coinvolgi gli altri: Le "isole di pace" possono anche essere condivise con gli altri. Coinvolgi i membri della tua famiglia o gli amici nel mantenimento e nella cura di questi spazi. Lavorate insieme per mantenere l'ordine, condividere le responsabilità di pulizia e creare un ambiente collaborativo e felice per tutti.

5. Adatta le pratiche al tuo stile di vita: Ogni persona ha uno stile di vita unico, quindi adatta le pratiche per mantenere le tue "isole di pace" al tuo modo di vivere. Trova le routine e le attività che si adattano meglio alla tua vita quotidiana, rendendole realizzabili e gratificanti. Ciò garantirà che la cura e il mantenimento delle tue "isole di pace" siano parte integrante della tua routine e del tuo benessere generale.

Prendersi cura di questi spazi ti permette di avere un rifugio di felicità, serenità e ispirazione nella tua vita quotidiana. Sii consapevole delle sfide che possono presentarsi e adotta le strategie appropriate per superarle. Con dedizione e cura costanti, le tue "isole di pace" continueranno a essere un luogo di gioia e benessere nella tua vita.

CAPITOLO 9: "LE STELLE COME GUIDA: TROVARE ISPIRAZIONE E MOTIVAZIONE"

Cos'è l'Ispirazione e la Motivazione: Discussione sull'importanza dell'ispirazione e della motivazione per la felicità e il successo personale.

L'ispirazione e la motivazione sono due componenti cruciali per la felicità e il successo personale. Sono forze interne che ci spingono a perseguire i nostri obiettivi, a superare le sfide e a realizzare il nostro potenziale. Ma cos'è l'ispirazione e la motivazione?

L'ispirazione è quella scintilla che accende la nostra passione e ci spinge a cercare significato e realizzazione nella vita. Può provenire da diverse fonti, come un mentore, una figura di riferimento, un libro, un film o un'esperienza personale. L'ispirazione ci tocca profondamente, risveglia la nostra creatività e ci spinge a vedere le possibilità al di là delle limitazioni.

La motivazione, d'altra parte, è ciò che ci spinge ad agire per raggiungere i nostri obiettivi. È la forza interna che ci spinge ad impegnarci, ad affrontare le sfide e a superare gli ostacoli lungo il percorso. La motivazione può derivare da un desiderio di successo, realizzazione personale, felicità o semplicemente dalla volontà di fare la differenza nel mondo. È ciò che ci spinge a mettere in atto azioni concrete per raggiungere ciò che desideriamo.

L'ispirazione e la motivazione sono interconnesse e si influenzano reciprocamente. Quando siamo ispirati, sentiamo un senso di scopo e passione che alimenta la nostra motivazione. D'altra parte, quando siamo motivati, siamo più aperti all'ispirazione e pronti ad accogliere nuove idee e opportunità.

L'ispirazione e la motivazione svolgono un ruolo vitale nel nostro benessere generale. Ci aiutano a superare le sfide, a superare le nostre paure e a raggiungere i nostri obiettivi. Quando siamo ispirati e motivati, sperimentiamo un senso di realizzazione, soddisfazione e felicità.

L'ispirazione e la motivazione possono essere coltivate e nutrite attraverso varie strategie:

1. Cerca ispirazione: Espandi le tue fonti di ispirazione, esplora libri, film, opere d'arte o storie di successo che ti ispirano. Crea un ambiente che favorisca l'ispirazione, circondandoti di persone positive, partecipando a eventi stimolanti e creando spazi che riflettano i tuoi interessi e passioni.

2. Imposta obiettivi significativi: La motivazione cresce quando abbiamo obiettivi chiari e significativi da perseguire. Sii specifico sui tuoi obiettivi e creali in linea con i tuoi valori e passioni. Stabilisci traguardi raggiungibili, ma sfidanti, e crea un piano d'azione per raggiungerli.

3. Coltiva l'autodisciplina: L'autodisciplina è fondamentale per mantenere la motivazione nel tempo. Imposta una routine regolare, pratica la gestione del tempo e mantieni l'impegno verso i tuoi obiettivi. Sii consapevole delle tue abitudini e dei tuoi comportamenti, cercando di eliminare le distrazioni che possono minare la tua motivazione.

4. Cerca supporto: Trova una rete di sostegno che ti incoraggi e ti sostenga lungo il percorso. Condividi i tuoi obiettivi con persone fidate, partecipa a gruppi di sostegno o cerca il supporto di un coach o di un mentore. Il supporto sociale può aumentare la motivazione e fornire un'ispirazione continua.

5. Mantieni la flessibilità: La vita è in continua evoluzione e ci sono momenti in cui potremmo dover adattare i nostri obiettivi o rivedere la nostra direzione. Mantieni la flessibilità mentale e sii disposto a modificare i tuoi piani, se necessario. Ciò ti

aiuterà a mantenere una prospettiva positiva e a trovare nuove fonti di ispirazione lungo il percorso.

L'ispirazione e la motivazione possono essere alimentate e coltivate nel corso della vita. Continua a cercare nuove fonti di ispirazione, mantieni gli obiettivi significativi, coltiva l'autodisciplina e cerca supporto. Con l'ispirazione e la motivazione come compagni di viaggio, puoi raggiungere la felicità e il successo che desideri.

L'ispirazione può provenire da molteplici fonti, ed esplorare queste fonti può arricchire la nostra vita, alimentando la creatività, la motivazione e la felicità. Ecco alcune delle diverse fonti di ispirazione che possiamo esplorare:

1. La Natura: La bellezza della natura ha ispirato l'umanità per secoli. Passeggiate in un bosco, ammirate un tramonto, osservate il flusso di un fiume o il canto degli uccelli.

La natura offre un'infinita varietà di forme, colori e suoni che possono risvegliare la nostra creatività e riconnetterci con il mondo che ci circonda.

2. L'Arte: L'arte in tutte le sue forme è un'importante fonte di ispirazione. Visitare musei, gallerie d'arte o partecipare a spettacoli teatrali o concerti può trasportarci in mondi diversi, stimolare la nostra immaginazione e farci riflettere su temi profondi. L'arte ci invita a vedere il mondo con occhi nuovi e può ispirare nuove idee e prospettive.

3. Storie di Successo: Le storie di successo di persone che hanno raggiunto obiettivi significativi nella loro vita possono ispirarci e motivarci. Leggere biografie di persone che hanno superato sfide e raggiunto risultati notevoli può nutrire la nostra determinazione e darci la fiducia per perseguire i nostri sogni.

4. La Musica: La musica ha il potere di toccare le nostre emozioni più profonde e di ispirare

sentimenti di gioia, tristezza, forza e speranza. Ascoltare musica che risuona con noi può innescare un flusso di pensieri e sentimenti che ci aiutano a trovare nuove prospettive e spunti creativi.

5. Citazioni di Saggezza: Le citazioni di saggezza da filosofi, scrittori, leader spirituali e pensatori possono avere un impatto significativo sulla nostra visione del mondo. Queste citazioni sintetizzano idee profonde in modo conciso e possono essere fonte di riflessione e ispirazione quotidiana.

Esplorare queste diverse fonti di ispirazione può avvenire attraverso diverse attività, come una passeggiata nella natura, una visita a una mostra d'arte, la lettura di libri o l'ascolto di musica. È importante trovare il tempo per immergersi in queste esperienze e dedicare momenti di contemplazione per permettere all'ispirazione di emergere.

Inoltre, come già detto, è molto importante tenere un diario personale in cui annotare pensieri, citazioni, immagini o esperienze che ci hanno ispirato. Questo può fungere da riferimento e fonte di ispirazione quando ci sentiamo in cerca di stimoli.

Infine, è importante ricordare che l'ispirazione può essere trovata ovunque, anche nelle esperienze quotidiane. L'importante è rimanere aperti e consapevoli, pronti a cogliere gli spunti creativi che ci vengono offerti. Sperimentare diverse fonti di ispirazione può arricchire la nostra vita, alimentare la nostra motivazione e portare alla scoperta di nuove strade verso la felicità e il successo personale.

Attivare la Motivazione: Strategie per stimolare e mantenere la motivazione, tra cui la definizione di obiettivi chiari, la celebrazione dei piccoli successi e l'utilizzo di tecniche di visualizzazione.

La motivazione è fondamentale per il successo e la realizzazione personale. Quando siamo motivati, siamo più propensi ad agire, superare gli ostacoli e perseguire i nostri obiettivi con determinazione. Tuttavia, la motivazione può vacillare nel tempo o essere influenzata da sfide e frustrazioni. Ecco alcune strategie per stimolare e mantenere la motivazione:

1. Definisci obiettivi chiari: L'obiettivo è la bussola che ci guida nella direzione desiderata. Definisci obiettivi chiari, specifici e realizzabili che ti aiutino a focalizzare la tua motivazione. Assicurati che gli obiettivi siano significativi per te, allineati ai tuoi valori e al tuo senso di scopo. Questo ti darà una chiara direzione e ti fornirà uno scopo motivante.

2. Scomponi gli obiettivi in piccoli passi: Un obiettivo può sembrare scoraggiante se appare come un'enorme montagna da scalare. Scomponi gli obiettivi in piccoli passi o traguardi intermedi. Questo ti aiuterà a sperimentare una serie di successi, mantenendo alta la tua motivazione lungo il percorso. Ogni volta che raggiungi uno dei

tuoi piccoli obiettivi, celebra il successo e utilizzalo come carburante per continuare a spingerti avanti.

3. Visualizza il successo: Utilizza la potente tecnica di visualizzazione per immaginare te stesso raggiungere i tuoi obiettivi. Visualizza il processo e l'esperienza, immaginando come ti sentirai, cosa dirai a te stesso e come festeggerai il successo. La visualizzazione può aumentare la tua fiducia e motivazione, creando una mappa mentale positiva e concreta del tuo successo.

4. Sii consapevole delle tue motivazioni intrinseche: Identifica le tue motivazioni intrinseche, ossia le ragioni profonde che ti spingono ad agire. Queste motivazioni possono essere l'amore per ciò che fai, la voglia di crescere, l'entusiasmo per le sfide o il senso di realizzazione personale. Mantieni queste motivazioni presenti nella tua mente e connettiti con esse quando senti che la tua motivazione si indebolisce.

5. Sfrutta le risorse disponibili: Sii proattivo nell'utilizzare le risorse disponibili per sostenere la tua motivazione. Ciò potrebbe includere la lettura di libri o l'ascolto di podcast motivazionali, la partecipazione a workshop o corsi che sviluppano le tue competenze, o l'utilizzo di app o strumenti digitali che ti aiutano a monitorare i tuoi progressi.

Prova ad utilizzare queste strategie per stimolare e mantenere la tua motivazione, adattandole al tuo stile di vita e alle tue esigenze personali. Ricorda che la motivazione può essere coltivata, alimentata e mantenuta nel tempo, e ti aiuterà a perseguire i tuoi obiettivi con passione e determinazione, portandoti verso la felicità e il successo che desideri.

Affrontare la Perdita di Motivazione: Consigli su come affrontare periodi di perdita di motivazione o ispirazione, comprendendo l'accettazione, la gentilezza con se stessi e il ritorno ai fondamentali.

La perdita di motivazione è un'esperienza comune che può colpire chiunque, anche le persone più determinate e ambiziose. Ci sono momenti in cui ci sentiamo stanchi, scoraggiati o semplicemente non riusciamo a trovare la passione per continuare a perseguire i nostri obiettivi. Ecco alcuni consigli per affrontare la perdita di motivazione:

1. Accettazione: Accetta che la perdita di motivazione sia una parte normale del processo. Non è necessariamente un segno di debolezza o fallimento. Riconosci che tutti attraversano alti e bassi, e che è perfettamente normale sentirsi meno motivati di tanto in tanto. Accetta questo stato come una fase temporanea e non lasciare che ti definisca.

2. Analizza le cause: Cerca di capire le cause della tua perdita di motivazione. Potrebbe essere dovuta a una serie di fattori, come

l'affaticamento, l'insoddisfazione o un senso di stanchezza. Identifica le fonti di insoddisfazione nella tua vita e valuta se ci sono cambiamenti che puoi apportare per ridurli. La consapevolezza di ciò che influisce sulla tua motivazione può aiutarti a trovare soluzioni appropriate.

3. Ritorna ai fondamentali: Durante i periodi di perdita di motivazione, potrebbe essere utile ritornare ai fondamentali. Chiediti perché hai iniziato questo percorso, quali erano i tuoi obiettivi originali e quali valori guidano le tue azioni. Riconnettersi con le radici del tuo impegno può ridestare la tua passione e rinnovare la tua motivazione.

4. Crea piccoli obiettivi: Quando la motivazione è bassa, può essere utile creare obiettivi più piccoli e realizzabili. Questo ti aiuterà a sperimentare un senso di successo e progresso, anche nelle piccole conquiste. Ciò può innescare una catena di successi che rafforzano la tua motivazione e ti spingono ad affrontare obiettivi più grandi.

5. Rivisita le tue passioni: Prenditi il tempo per riflettere sulle tue passioni e interessi. Cosa ti appassiona veramente? Cosa ti dà gioia e soddisfazione? Focalizzati su queste aree e trova modi per integrarle nella tua vita quotidiana. Questo ti aiuterà a riscoprire la tua motivazione intrinseca e a trovare nuovi stimoli.

Affrontare la perdita di motivazione richiede pazienza, gentilezza e consapevolezza di sé. Non arrenderti, ma sii aperto a esplorare nuove strade e a fare eventuali regolazioni lungo il percorso. Con cura e impegno, puoi superare questi periodi di bassa motivazione e ritrovare la passione e l'entusiasmo che ti spingono verso la felicità e il successo personale.

CAPITOLO 10: "GIUNGENDO A PORTO: MANTENERE LA FELICITÀ NEL TEMPO"

La Felicità è un Viaggio, Non una Destinazione: Riflessione sull'importanza di vedere la felicità come un percorso continuo piuttosto che un obiettivo finale da raggiungere.

La società ci insegna spesso a fissare obiettivi e a lavorare sodo per raggiungerli, nella convinzione che una volta raggiunta quella meta saremo felici. Ma cosa succede quando raggiungiamo quegli obiettivi? Ci sentiamo davvero felici e appagati? Spesso, scopriamo che la felicità che pensavamo di trovare nel raggiungimento di un obiettivo è solo temporanea e che presto ci troviamo alla ricerca di un nuovo traguardo.

La verità è che la felicità non è una destinazione, ma un viaggio. È uno stato d'animo e uno stile di vita che possiamo coltivare lungo il percorso della nostra vita. Vedere la felicità come un viaggio continuo ci libera dalla costante ricerca di qualcosa al di fuori di noi stessi per trovare la felicità. Ci invita a godere del presente e ad abbracciare le sfide e le esperienze che la vita ci offre.

Quando consideriamo la felicità come un viaggio, adottiamo un'attitudine di apertura e curiosità. Siamo disposti a imparare, crescere e adattarci ai cambiamenti. Riconosciamo che la felicità non è qualcosa che si può raggiungere semplicemente acquisendo oggetti materiali o raggiungendo determinati traguardi esterni. La vera felicità risiede nella nostra capacità di trovare significato, gioia e appagamento nel momento presente.

Invece di fissare la nostra felicità su obiettivi esterni, possiamo concentrarci su ciò che possiamo fare nel presente per nutrire la nostra felicità interiore. Ciò include la pratica della gratitudine, l'accettazione di noi stessi e degli altri, la coltivazione di relazioni significative, l'investimento nella nostra crescita personale e la ricerca di attività che ci appassionano.

Il viaggio della felicità implica anche accogliere e accettare i momenti di sfida, tristezza e dolore. Sono parte integrante della vita e ci offrono l'opportunità di crescere, imparare e sviluppare la nostra resilienza. La felicità non significa evitare completamente il dolore, ma imparare a navigare attraverso di esso con grazia e compassione.

In questo viaggio, è importante essere gentili con noi stessi. La felicità non è una meta che dobbiamo raggiungere a tutti i costi, né dobbiamo sentirci in colpa o insoddisfatti se non siamo costantemente felici. Ci sono alti e bassi lungo il percorso, e ciò è normale. Accogliere ogni esperienza come parte del nostro viaggio personale ci permette di imparare da esse e di crescere come individui.

Infine, ricorda che il viaggio della felicità è unico per ciascuno di noi. Ciò che rende felici una persona potrebbe non funzionare per un'altra. È importante ascoltare il nostro cuore e seguire ciò che ci porta gioia e soddisfazione autentica. Sii aperto a esplorare e scoprire ciò che ti rende felice, e sperimenta diverse strade lungo il tuo viaggio.

In definitiva, la felicità non è un punto di arrivo, ma il percorso stesso. È un modo di essere, un modo di vivere la vita consapevolmente e in modo autentico. Coltiva la gratitudine per ciò che hai nel presente, impara dagli ostacoli e dalle sfide, cerca fonti di ispirazione e continua a crescere come individuo. Abbraccia il tuo viaggio verso la felicità e goditi ogni passo lungo il cammino.

Consolidare le Abitudini Positive: Strategie per mantenere le abitudini che promuovono la felicità nel lungo termine, come la gratitudine, la mindfulness e l'esercizio fisico.

Le abitudini positive sono la chiave per creare una vita felice e appagante. Ma non basta solo instaurare nuove abitudini, è altrettanto importante mantenerle nel lungo termine. Ecco alcune strategie che ti aiuteranno a consolidare le abitudini positive che promuovono la felicità:

1. Fissa obiettivi realistici: Quando cerchi di stabilire abitudini positive, è importante impostare obiettivi realistici e raggiungibili. Invece di impegnarti in grandi cambiamenti repentini, inizia con obiettivi piccoli e realizzabili. Questo ti permetterà di progredire gradualmente e di mantenere la motivazione.

2. Pianifica e visualizza il successo: Creare un piano dettagliato e realistico è fondamentale per consolidare le abitudini positive. Sii specifico su cosa, quando e come intendi praticare queste abitudini. Ad esempio, se desideri incorporare l'esercizio fisico nella tua vita, stabilisci un programma di allenamento settimanale e prevedi i tempi in cui ti allenerai. Inoltre, visualizza te stesso mentre pratichi queste abitudini con successo. La visualizzazione ti aiuterà a rafforzare la tua motivazione e a creare un'immagine chiara del risultato desiderato.

3. Affronta gli ostacoli: Lungo il percorso, incontrerai inevitabilmente ostacoli e sfide che potrebbero mettere alla prova le tue abitudini positive. Prevedi questi momenti e pensa a strategie per affrontarli. Mantenere la flessibilità e l'adattamento ti aiuterà a superare gli ostacoli e a mantenere le abitudini positive nonostante le difficoltà.

4. Affronta le sfide con flessibilità: Durante il percorso di consolidamento delle abitudini positive, è inevitabile che ci siano sfide e ostacoli lungo la strada. Potresti affrontare momenti di stanchezza, mancanza di motivazione o imprevisti nella vita quotidiana. È importante affrontare queste sfide con flessibilità e adattabilità. Se un giorno non riesci a praticare la tua abitudine desiderata, non considerarlo un fallimento, ma prendilo come un'opportunità per imparare e adattarti alle circostanze. Ricorda che ogni giorno è un nuovo inizio e puoi sempre riprendere il

percorso verso la consolidazione delle tue abitudini positive.

5. Accetta che ci saranno giorni in cui le abitudini potrebbero essere difficili da mantenere o potresti scivolare indietro. Non lasciare che un giorno o un periodo di tempo difficile ti faccia desistere. Sii gentile con te stesso, riprendi e continua a impegnarti nelle tue abitudini positive.

Mantenere le abitudini positive richiede impegno costante e perseveranza. Ma con una pianificazione adeguata, un'attitudine positiva e un sostegno appropriato, puoi consolidare le abitudini che promuovono la felicità nel lungo termine. Ricorda che ogni piccolo passo conta e che stai costruendo una base solida per una vita felice e appagante.

Gestire i Cambiamenti e le Sfide: Consigli su come affrontare i cambiamenti della vita e le sfide che possono presentarsi lungo il percorso, mantenendo la resilienza e l'adattabilità.

La vita è fatta di cambiamenti e sfide, e come individui, dobbiamo affrontarli continuamente. I cambiamenti possono essere grandi o piccoli, pianificati o improvvisi, ma tutti richiedono una certa capacità di adattamento e resilienza. Ecco alcuni consigli su come gestire i cambiamenti e le sfide per mantenere la felicità e il benessere.

1. Sii flessibile e adattabile: La flessibilità mentale e l'adattabilità sono chiavi per affrontare i cambiamenti e le sfide con successo. Sii aperto a nuove prospettive, modifica i tuoi piani e apporta modifiche quando necessario. Non fissarti rigidamente a una sola idea o approccio, ma cerca soluzioni alternative e sperimenta nuove strategie.

2. Coltiva la resilienza: La resilienza è la capacità di affrontare le sfide, superare gli ostacoli e rimbalzare indietro dopo le avversità. Per sviluppare la resilienza, cerca di mantenere un atteggiamento positivo,

focalizzandoti sulle tue risorse personali e sulla capacità di adattarti alle circostanze.

3. Mantieni una prospettiva positiva: La prospettiva e l'atteggiamento con cui affronti i cambiamenti e le sfide possono fare la differenza. Cerca di mantenere una prospettiva positiva, vedendo le sfide come opportunità di crescita e apprendimento. Focalizzati sulle soluzioni anziché sui problemi, e cerca il lato positivo di ogni situazione.

4. Impara dall'esperienza: Ogni cambiamento e sfida è un'opportunità di apprendimento. Rifletti sulle tue esperienze e cerca di trarre insegnamenti da esse. Chiediti cosa hai imparato e come puoi utilizzare queste esperienze per crescere e migliorare. La consapevolezza delle tue risorse e delle tue capacità ti aiuterà ad affrontare con maggiore sicurezza i futuri cambiamenti e sfide.

Affrontare i cambiamenti e le sfide richiede tempo, pazienza e impegno costante. Ma con una mentalità aperta, una prospettiva positiva e una buona dose di resilienza, puoi affrontare ogni cambiamento con forza e determinazione. Ricorda che sei più forte di quanto pensi e che ogni sfida superata ti renderà più resiliente e soddisfatto nella tua ricerca della felicità.

Crescita Continua e Apprendimento: Discussione sull'importanza dell'apprendimento continuo e della crescita personale per mantenere la felicità nel tempo.

L'apprendimento e la crescita personale sono elementi fondamentali per mantenere la felicità nel tempo. La vita è un processo di continuo apprendimento, ed è attraverso la crescita personale che possiamo scoprire nuove passioni, sviluppare le nostre capacità e raggiungere un senso più profondo di realizzazione e soddisfazione. Ecco perché l'apprendimento continuo è così importante per il nostro benessere emotivo e la nostra felicità.

1. Espansione della conoscenza: L'apprendimento ci consente di espandere la nostra conoscenza e la nostra comprensione del mondo che ci circonda. Ci offre l'opportunità di esplorare nuovi argomenti, scoprire nuove idee e sviluppare una mentalità aperta. L'acquisizione di nuove conoscenze ci permette di ampliare la nostra prospettiva e di vedere il mondo in modi diversi, portando così maggiore gioia e gratificazione nella nostra vita.

2. Soddisfazione personale: L'apprendimento continuo ci dà una sensazione di realizzazione personale. Quando acquisiamo nuove competenze o raggiungiamo obiettivi che ci siamo posti, sperimentiamo una gratificazione e una fiducia in noi stessi che contribuiscono alla nostra felicità generale. La sensazione di crescita personale e di progresso nel perseguire i nostri interessi e le nostre passioni ci dà uno scopo e un senso di realizzazione.

3. Stimolo mentale: L'apprendimento stimola la nostra mente e ci tiene mentalmente attivi e impegnati. Ci sfida a pensare in modo critico, a risolvere problemi e adattarci ai cambiamenti. Questo stimolo mentale è essenziale per il nostro benessere emotivo e cognitivo. Ci aiuta a mantenere la mente aperta, a sviluppare la creatività e a migliorare le nostre capacità di problem solving, tutte abilità che contribuiscono alla nostra felicità.

4. Esplorazione delle passioni e degli interessi personali: L'apprendimento continuo ci offre l'opportunità di esplorare le nostre passioni e gli interessi personali. Ci permette di scoprire nuovi hobby, di coltivare le nostre passioni e di dedicare tempo alle attività che ci appassionano. Questa ricerca di ciò che ci piace e ci dà gioia alimenta il nostro senso di realizzazione e contribuisce alla nostra felicità generale.

Per mantenere la felicità nel tempo, è fondamentale coltivare un atteggiamento di apprendimento continuo e di crescita personale. Sfruttare le opportunità di apprendimento, esplorare le passioni, sviluppare nuove competenze e mantenere una mente aperta ci permette di vivere una vita piena di gioia, soddisfazione e significato. L'apprendimento è un viaggio che non ha mai fine, ed è proprio in questo viaggio che troviamo la chiave per la nostra felicità duratura.

Ritornare al Porto: Riflessione e Rinnovo

Periodicamente, è importante fare una pausa e fare il punto sulla propria felicità. Questo momento di riflessione permette di valutare ciò che ha funzionato nel nostro percorso verso il benessere emotivo e ciò che potrebbe essere migliorato. Ci offre anche l'opportunità di rinnovare il nostro impegno verso la nostra felicità e il nostro benessere. Ecco alcuni suggerimenti su come fare questa pratica di ritorno al porto.

1. Fai una panoramica della tua vita: Prenditi del tempo per riflettere su tutti gli aspetti della tua vita, come il lavoro, le relazioni, la salute, gli interessi personali e le sfide che hai affrontato. Fai una panoramica di ciascuna area e valuta come ti senti in relazione ad essa. Identifica gli aspetti che ti portano felicità e soddisfazione e quelli che potrebbero richiedere un maggiore impegno o miglioramento.

2. Identifica ciò che funziona: Rifletti su ciò che hai fatto finora per promuovere il tuo benessere emotivo. Identifica le pratiche, le abitudini e le strategie che hanno funzionato bene per te.

3. Valuta ciò che può essere migliorato: Identifica gli aspetti della tua vita che potrebbero beneficiare di un miglioramento. Potrebbe essere il tuo livello di stress, la gestione delle emozioni o l'equilibrio tra lavoro e vita privata.

4. Sviluppa un piano d'azione: Una volta che hai identificato gli aspetti che desideri

migliorare, sviluppa un piano d'azione per implementare le modifiche desiderate. Assicurati che i tuoi obiettivi siano realistici e che il piano sia flessibile per adattarsi alle sfide che possono presentarsi lungo il percorso.

5. Rinnova il tuo impegno: Rinnova il tuo impegno verso la tua felicità e il tuo benessere emotivo. Ribadisci l'importanza che attribuisci alla tua salute e al tuo benessere e sii determinato a fare le scelte che promuovono la tua felicità. Riconosci che il benessere emotivo richiede impegno costante e che potrebbero esserci momenti di sfida lungo il percorso. Prendi l'impegno di affrontare queste sfide con resilienza e di fare del tuo meglio per promuovere la tua felicità.

Il ritorno al porto è un momento di riflessione e rinnovo che ci aiuta a restare connessi con noi stessi e a mantenere un impegno costante verso la nostra felicità. È un'occasione per valutare il nostro percorso, riconoscere i nostri successi, identificare ciò che può essere migliorato e sviluppare un piano d'azione per il futuro. Prenditi del tempo per fare regolarmente questa pratica, adattandola alle tue esigenze e al tuo stile di vita.

Ora, mentre chiudi questo libro, voglio che tu sappia che il potere per creare una vita felice e appagante è nelle tue mani. Sii il capitano della tua nave, naviga verso i mari inesplorati della tua felicità interiore. Ricorda che la felicità non è un traguardo da raggiungere, ma un percorso da percorrere con consapevolezza e gratitudine.

Nella tua ricerca della felicità, potresti incontrare nuove sfide, cambiamenti e momenti di incertezza. Ma sappi che hai i mezzi e le risorse per affrontarli con coraggio e fiducia. Ricorda di fare una pausa di tanto in tanto, riflettere sul tuo cammino e rinnovare il tuo impegno verso la tua felicità. Mantieni viva la tua curiosità, coltiva l'apertura mentale e continua a imparare e crescere.

E ricorda sempre che sei meraviglioso e degno di felicità. Sii presente nel qui e ora, abbraccia la bellezza delle piccole cose e diffondi il tuo amore e la tua felicità nel mondo.

Che tu possa continuare a navigare con gioia, saggezza e compassione lungo il fiume della tua felicità. Che la tua vita sia un'opera d'arte, piena di amore, risate, avventure e scoperte. E che ogni giorno tu possa sentirti felice e appagato, sapendo che hai il potere di creare una vita piena di felicità e significato. Buon viaggio, caro lettore, verso una vita felice e appagante!

Se pensi che questo libro ti sia

piaciuto e ti abbia aiutato ti chiedo

solo di dedicare pochi secondi a

lasciare una breve recensione su

Amazon!

Grazie,

Alessio Maresca

Printed in Great Britain
by Amazon

23230830R00096